大師風水神異

継大師 著

大地風水神異——繼大師著

目錄

自序

繼大師

多年來，筆者繼大師在考察風水過程中，無意中發現很多奇異的事情，於是一篇篇寫下來，與各讀者分享。其中恩師 呂氏與人造葬時，無意中拍下一道紅光照下墳穴，可惜相片只是看過，不曾找着。

筆者到故鄉惠州考察蘇東坡妾侍王朝雲墓時，前面建有六如亭，正收泗洲塔頂，卦綫向度極佳，在蘇東坡傳內描述：「當妾侍王朝雲埋葬後三天，夜間突然狂風暴雨，第二天，有農民看見墓旁有很巨大之足跡，大家都認定有佛來接引她往西方極樂世界淨土去。」在文革時期，碑文面上有多個子彈孔痕，慶幸朝雲墓並沒有受到破壞。

又在遊覽以色列百特利祭壇時，偶然發現該處原來是一穴非常大之坐南向北逆騎龍地，上帝也懂得風水啊！而且工夫是一流的，真是令人讚嘆！

筆者又從谷歌地圖（Google maps）之高空圖中找到數處大地，其中有台北之北峰寺，當到達現場勘察時，它的歷史居然是曾經由四位乩童（由神靈附身的人）抬着一張大轎，隨山嘣嘣跳跳，走到現時北峰寺之中心處，點了四點地方，作為寺內大殿中心之四條大柱，主尊為準提觀音，聽來真是神奇！若非由主持兼北峰寺總幹事陳純純女士親口說出，真的很難令人相信。

還有一平房屋女主人由土地公來報夢點地，她親自對本人述說清楚，在引證證穴法之下，原來是平陽陽居結地。筆者曾勘察一處山崗頂結地，名「百會穴」，竟然在三號風球情況之下，山頂穴上風平浪靜，山崗底下有非常強勁的大風，站也站不穩，令人難以理解！

又有一年，筆者繼大師在谷歌地圖(Google maps)發現在馬來西亞的怡保(Ipoh)與太平(Tai ping)之間處，有一穴非常大之陰宅結地，此地全收逆水大局，比起香港元朗的「金鐘覆火穴」還要高級，是非常富有之穴。

當離去時，一上車，天氣立刻風雲色變，翻天覆地，傾盆大雨，烏雲滿天，不停行雷閃電，雷聲很大、很響、很近，雷聲就在面前，震耳欲聾，雨點非常大，狂風暴雨，整個天空像傍晚一樣污黑，大雨隨着我們而行，視野模湖不清，由平時行一百公里車速的公路，車子只能行約時速卅公里，大雨隨着我們由霹靂州（Pera）直至到了雪蘭莪州（Selangor），大雨足足下了兩個小時以上，非常傳奇。

這種種風水異象，全是事實，另外書中還有很多神異故事，具真實性，一一寫給各讀者分享。本書取名：**《大地風水神異》**

繼大師寫於香港明性洞天

壬寅年季夏吉日

（一）呂師造葬的紅光相應日課

繼大師

在八十年代，深圳開發大鵬灣公眾墓地，很多香港人到那裏買位給祖先及親人造葬，當時由呂師（呂克明先師）好友朱偉楠介紹劉先生給呂師點地造葬其親人。

於 1990 年（庚午年）劉生的外父剛過身不久，想在大鵬灣公眾墓地點一佳城，在廣潤平緩的山坡上，全是一排排密麻麻的墓地，呂師選取了在一處低聚的地方，臨近海邊，面朝大鵬灣，有水來朝，前方有一片平潤餘脈，使水不割腳。

左前方有一低潤砂脈順弓兜抱前方大海明堂，為「青龍單提」格，生氣凝聚於砂脈順弓兜抱之內海上，青龍砂甚為有情，氣聚而不蕩。雖然筆者繼大師並沒有跟隨恩師一同前往造葬，但於此穴造葬後五年，昔逢祭主劉生路經此墳，在他帶領之下，順路勘察，可謂有緣。

呂師定出墓碑向度為「戌山辰向」，祭主為「己丑」人命，落葬安碑日期為：陽曆 1990 年 6 月 2 日星期六早上十時，四柱日課為：

庚午　年
辛巳　月
戊戌　日
丁巳　時

筆者繼大師分析此日課如下：

（一）日課「庚」年干及「戊」日干之貴人到「丑」祭主人命地支上。「丑」人命地支又與「巳」月及「巳」時支半三合金局。

（二）日課「戊戌」日支與「戌」坐山同氣而旺山，「戊」日干之祿在「巳」時，為「日祿歸時」格。日課「丁」時干之祿在「午」年支上，「午」年支、「巳」月支及「巳」時支均屬火，日課地支全屬一片火土，大大生旺「戌」山。

（三）「庚」年干及「辛」月干屬金，雖然洩「戌」山之氣，但因為日課日干支為「戊戌」，日課五行氣以日干支為重，日課八個字中有四火二土，故「庚、辛」二金不為忌，生多於洩也。

使用此日課下棺造葬安碑時，眾人拍照，其中劉生的舅仔所攝出的一張照片，有一柱紅光下降墳穴，非常奇特！剋應了日課火土旺氣的格局，可謂日課相應了葬地坐山，紅光相應也。

《本篇完》

（二）縮頭龜穴的異數 —— 元運的長短

繼大師

李默齋先生於 1548 年出版《闢徑集》，此書影響後世的風水學問而得以傳播。李默齋先生是廣東小欖人士，由於精通風水，曾自卜一穴，正在命地匠進行開掘時，在穴地上突然非常疲倦，於是睡下來小息，立刻夢見一位持手杖的老者對他說：「**此地是黃家狀元郎所有，暫時他未出生，你可以到下方之龜山取穴。**」

李氏驚醒後，慌忙命地匠收拾工具離開此地，未幾在廣東中山鶴山樓沖龜山找到一地，筆者繼大師曾到訪此縮頭龜地，此地葬李氏本人、妻子、兒子及媳婦四人等，李氏於 1548 年出版《闢徑集》，假設他在壯年時期著此書，估計約 1580 年左右逝世，差不多是下葬此穴的時間，在後期再加葬他的兒子及媳婦，這段期間，由 1564 年 － 1584 年為小三元四運，剛好又是大三元四運。

由 1594 年開始，是小三元中元五運的中間，一過立春日，就踏入中元六運，因為五運前十年歸四運管，五運後十年歸六運管，於 1594 年立春後開始，便行下元元運（六、七、八、九運）共達 90

年，1684 年立春日開始又轉回上元元運（一、二、三、四運）。

由於現時鶴山樓沖急劇發展，把整個龜山鏟去，李默齋先生等人的墳墓被後人於 2010 年（庚寅年）遷往大欖崗的一塊公墓上，立乙山辛向兼卯酉，九運父母卦（咸卦初爻䷞），龜山舊墳的原本向度為午山子向兼丙壬，為貪狼一運父母卦（坤卦䷁），所有六十四卦當中，以「乾䷀、坤䷁」兩卦為首，元運最長，大約由 1580 年至今（今 2019 年），已有四百卅九年。

筆者繼大師現列出由 1580 年至由 2010 年間所屬的元運如下：

上元元運：

四運 20 年 — 1564 – 1584

五運前 10 年 — 1584 – 1594

下元元運：

五運後 10 年 — 1594 – 1604

六運 20 年 — 1604 – 1624

七運 20 年 — 1624 – 1644

八運 20 年 — 1644 – 1664

九運 20 年 — 1664 – 1684

上元元運：

一運 20 年 — 1684 – 1704

二運 20 年 — 1704 – 1724

三運 20 年 — 1724 – 1744

四運 20 年 — 1744 – 1764

五運前 10 年 — 1764 – 1774

下元元運：

五運後 10 年 — 1774 – 1784

六運 20 年 —— 1784 – 1804
七運 20 年 —— 1804 – 1824
八運 20 年 —— 1824 – 1844
九運 20 年 —— 1844 – 1864

上元元運：

一運 20 年 —— 1864 – 1884
二運 20 年 —— 1884 – 1904
三運 20 年 —— 1904 – 1924
四運 20 年 —— 1924 – 1944
五運前 10 年 —— 1944 – 1954

下元元運：

五運後 10 年 — 1954 － 1964

六運 20 年 — 1964 － 1984

七運 20 年 — 1984 － 2004

八運 20 年 — 2004 － 2024

九運 20 年 — 2024 － 2044

由 1580 年至 2010 年，中山鶴山樓沖龜山縮頭龜地的時間，時為下元八白運，共 430 年，接近 22 個小元運（每個小元運為 20 年），其向度的元運，加上縮頭龜穴的地運，可算是非常長的時間了，可見李默齋地師在立向上的功力甚為深厚，古云：

「千里江山一向間。」

楊筠松祖師在四庫全書版本**《撼龍經》《疑龍經》**附**〈葬法倒杖〉**（武陵出版，風水系列第 54，第 107 － 108 頁。）**《疑龍十問》**之**〈一問〉《抱養及僧道嗣續疑龍如何》**云：

「古人嘗有招魂葬。招魂天人可爲樣。招魂葬了祀事嚴。四百年間漢家旺。何拘骸骨葬親生。只要祀事香火明。亦有四五百年祖。」

「招魂葬」以筆者繼大師的瞭解，是指人死而不得其屍骸，用其生前所穿著過的衣冠，招其魂而葬之，即名「衣冠塚」。**《疑龍十問》**之**〈三問〉《公位盛衰疑龍如何》**（武陵出版，風水系列第 54，第 113 頁。）云：

「一穴大地蔭十世，小地千墳亦如是。」

以上兩段《疑龍十問》之三問《公位盛衰疑龍如何》是說明：

（一）若能點得真龍結穴，縱然是葬「衣冠塚」，亦可發四五百年之久。

（二）一穴大地可蔭十世，每世為卅年，即能興旺三百多年，若祖上有約千個小結之地，亦能可以興旺三百多年。

李默齋先生所葬龜山之縮頭龜地，根據筆者繼大師的瞭解，除了真穴來龍地脈之外，它的向度是貪狼父母卦運（坤卦上爻䷁），故可發福至430年，當然後代子孫當中，必定有再得好風水之吉穴，始能將祖地的力量延續下去。但未必房房能夠興旺，這是因個人的福份而定，但是向度的選擇，會影響後代子孫福份的長久性，關係到元運的長短，這是明師線度，亦是非常秘密的口訣，故有緣者得之。

繼大師註：很可惜的是李默齋先生夫人及其兒子媳婦的合墓，於二〇一〇年庚寅年遷墳至大欖岡公墓地內，墳碑乙山辛向，咸卦䷞初爻，而縮頭龜之地氣盡失矣。

《本篇完》

縮頭龜地碑文

李默齋原本所葬之龜山縮頭龜地

蘇東坡妾侍黃朝雲墓

黃朝雲墓中畫相

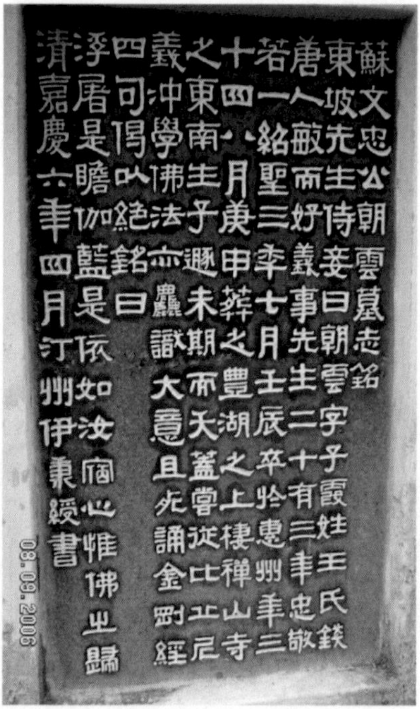

黃朝雲墓志銘

（三）蘇東坡妾侍王朝雲墓的傳奇（修訂版）

繼大師

惠州市，是筆者之家鄉，祖上三代均住在西湖與東江之間名「下角」的地方。據家父說，國父孫中山先生當年推翻滿清，曾圍攻惠州市三年皆未曾攻破，因惠州市當時有堅厚之石牆作圍城而保護之，後由蔣介石用「珠仔炮」廿四小時不停在同樣位置發射，結果城牆崩破而敗，當時流行了一首描述惠州是福地之詩歌如下：

鐵鍊鎖孤州
飛鵝水上浮
任憑天下亂
此地永無憂

這風水之偈正是以鐵鍊意喻當時在惠州堅厚之大理石圍城，把惠州城包圍也，「飛鵝」用以形容惠州市之地形，「水上浮」即惠州市在西湖、東西江豐湖、鱷湖、菱湖、南湖、平湖之上，現時雖然發展很大，但以西湖及泗洲塔為中心之湖光山色，並未因發展而影響外觀，這泗洲塔似乎是惠州市之標記，是旅遊熱點，亦是人造文筆塔也。

據筆者叔父稱，在文革以前，惠州市在東江與西枝江交界附近，有一千年古塔，起初建造此塔時，是因為東江與西枝江之水流急而大，於是便聘一風水明師點了一地，面向兩江來水，築一高塔，用以制禦兩江之水煞，使人畜平安。

在文革時，因三反五反，人們為破除迷信，於是便到處破壞被認為是迷信的古建築文物，這古塔便是文革中的犧牲品。

當拆卸古塔時，發生了一件怪事，事情如下：

文革時，一大群紅衛兵及市民，蜂擁而上千年古塔之頂層，正當想由頂層拆卸時，赫然發現頂層中放置一錦盒，打開一看，發現有一本古線裝書，是建塔時所寫的，內容大意是寫此塔在風水上之用處，及說明此塔會在某年某月某日會被拆破。

一查日子之下，發覺在拆卸之日子剛好如書中所說一樣。眾人大驚，而此古書亦上呈中央政府，後此書不知所終。參與拆塔其中之一人，竟然是筆者家鄉之叔父，此事是他親眼看見而口述說出的。

在此，筆者不得不讚嘆古人之智慧，正當庚辰年回鄉祭祖之際，順帶一遊惠州西湖，勘察此近千年之王朝雲古墳，此墳穴葬在一圓金形小山丘下，正是其父母星辰，後靠是螺山，遠處有一武曲金星為遠樂之山，腳闊有情，兩邊略凹，連接群山，多有平土及一字文星之砂為近靠。

此山丘面對西山，正是古墳之案山，距離及高度均適中，並不構成欺壓感，水由右倒左，本身古墳亦有龍虎二砂包拱，並沒有形煞，但古墳前有一小平地，建有一亭，正是極為出名之「六如亭」，墳碑坐西北向東南，正對西山頂上之泗洲塔。

當筆者量度其向度之後，即認定是：

（一）泗州塔興建在先，古墳點葬在後。

（二）經手造葬此古墳之地師是巒頭與理氣均精湛之高手，其造葬法極高明。

最近一次重修是在清嘉慶六年四月（一八〇一年）由太守伊秉重修，相信在重修時是依原來向度修造，朝雲墓正向人造文筆塔「泗洲塔」。

修造後，在古墳之白虎方立有石碑為銘。此碑刻於清嘉慶六年四月。一看古墳志銘石碑，中間有一行橫點烙印（約十多點），從痕跡看來，是被機關槍發射而遭受損壞的，筆者推斷是在文革時所發生，幸好不算嚴重。為了証明泗洲塔比朝雲墓興建在先，於是翻查文獻及到泗洲塔察看。其結果是：

（一）泗洲塔是唐朝泗洲大聖僧伽所築，北宋紹聖元年（一〇九四年）蘇東坡謫居惠州時，名為「大聖塔」。

（二）蘇東坡於天祐七年（一〇九二年）九月任朝廷兵部尚書，兩月後調任禮部尚書，於哲宗紹聖元年（一〇九四年）因哲宗未登皇位時曾被蘇東坡教過八年之久，並曾在一道表章裡向小皇帝表明，倘若他不接納臣子的忠言，蘇東坡寧做「醫卜執技」之流或「奔走之吏」，也不願在朝任職。

結果後來蘇東坡被貶到惠州去，同行有妾侍王朝雲（卅一歲）及兩個小兒子。第二年（一〇九六年）蘇東坡在河東高四十尺的小山頂上建屋，屋尚未建成，其妻妾朝雲得瘟疫病而亡，八月初三安葬此地，時值下元七赤坎☵破軍運。

六如亭正收泗洲塔

蘇東坡像

王朝雲墓前之六如亭

惠州府重修王朝雲墓碑

蘇東坡先生妾侍王朝雲墓穴之後靠來龍

其塔與墓之建造先後，果如筆者所料，其推算原因是：

墳碑所立之向度，是依泗洲塔而定向，其線度是乾山巽向，向度極為準確細緻。當筆者量度其墳碑向度時，發覺其手法正與吾師　呂公克明先生所傳授之三元巒頭理氣功夫無異，是明師線度，在此筆者對呂師所傳之風水理法更具信心，千年造葬之法，與現今所學無異。

而當蘇東坡為其妻妾落葬後，發生了一件奇事，因為五十七歲之蘇東坡到惠州時，妻妾王朝雲才卅一歲，二人年齡雖不同，但妻妾還是很愛慕蘇東坡這位詩人。

由於妾侍是虔誠之佛教徒，在咽氣前還唸金剛經上的偈語：

一切有爲法
如夢幻泡影
如露亦如電
應作如是觀

當埋葬後三天，夜間突然狂風暴雨，第二天，有農民看見墓旁有很巨大之足跡，大家認定是西方三聖阿彌佗佛來接引她往生西方極樂世界淨土去。

由於此古墳正收泗洲文筆塔，加上蘇東坡晚年在儋州（現時之海南島）栽培他的第三子蘇過，使他成為詩人畫家，以致後來被宋徽宗皇帝請入宮中在新殿牆壁上繪畫而被讚譽，這不能說與此泗洲文筆塔無關啊！

這朝雲古墓是由栖禪寺僧人築亭覆蓋，這「六如亭」中的「六如」就是金剛經中的：

如夢、如幻、如泡、如影、如露、如電。

幸好這「六如亭」並沒有把泗洲文筆塔遮蓋著，這古墳在造葬上，筆者實在找不出有缺點，沒有形煞，理氣甚佳，歸納其好處是：

（一）來龍綿長，金星丘為父母，砂巒有情。

（二）後靠遠山獨特，正靠三台中之金星山，龍虎二砂兼備。

（三）正收前案，案上人造文筆塔正朝。

據碑文所載之下葬日為宋紹聖三年八月庚申日，日課四柱為：

丙　子　年
丁　酉　月
庚　申　日
乙　酉　時

「酉時」是筆者之推算，因其日課申、酉屬金，日干「庚」與時支「乙」合金，「申、酉」在廿四方位上是西方金氣，配以乾山巽向，大大生旺「乾金之山」，「丙」年「丁」月干屬火而剋金，但丙、丁之貴人同在酉月酉時，加上「乙」時干，為「隔干地下三奇乙丙丁」貴格，故非常大吉。

假如下葬日之八月初三還未過白露，那麼日課四柱是：

丙　子　年
丙　申　月
庚　申　日
乙　酉　時

這日課地支亦是金、水局，雖不致完全生旺「乾山」，但天干有兩「庚」金，地支申、酉，亦同旺乾山，唯一不好的，是有兩丙火尅金，年、月「子、申」支半三合水局而洩金氣，不過，在正常情況下，應該是已經過了白露，故此日課應該是以第一個較為準確。

墳碑乾山巽向，造葬時為下元七運，亦配合元空六十四卦之理，此等穴地，在一般人眼中是看不上眼的，其實這樣之造葬，亦不易尋找，需要有大福份才能受用啊！

寫一偈曰：

平凡一山崗　孤墳山下藏　千年不破敗　西湖伴在傍
東江交西江　筆塔照案堂　後有三台蓋　氣聚內明堂
六如亭上墓　納得好卦度　不然大革命　芳塚劫難逃
東坡大文豪　文章教爾曹　六如朝雲墓　流芳自有數

《本篇完》

（四）太極拳聖地陳家溝之風水

繼大師

在香港六七十年代，提起太極拳，一定想到鄭天熊師傅，又名鄭雅文（1930 － 2005），籍貫廣東中山人，出生於香港，曾經在散打比賽中取得冠軍，創編了《吳派鄭式太極拳》一書，將太極拳弘揚於香港乃至海外。在他著作中有提及太極拳一代宗師楊露禪先生的生平事蹟。

楊露禪名福魁（1799 － 1872，有說是 1875。）出生於河北邯鄲廣平縣，少年時醉心於武術，為了學藝，曾在陳家溝之陳德瑚家門口露宿，偽裝乞巧，後被收為僮僕，因偷學太極拳後被發覺，幾經辛苦之後，始能拜陳長興宗師為師父。

拜師學藝後，曾經先後三次離開及重回到陳家溝處學藝，苦學了 18 年，後在京城打遍無敵手，被人們稱為「楊無敵」，後來楊露禪成為太極拳之一代宗師。楊式太極拳由陳氏太極拳所演化而來，楊式又生出李式、吳式等太極拳派別。

陳家溝是太極拳的發源地，其地理位置近洛水、伊水及黃河地域。洛河是黃河其中一條支流，原作「雒水」（洛河），相傳河出神龜背負一圖，洛出神馬，馬背出現有圓圈的符文，稱為《河圖洛書》，它演化出太極之哲理，於是易經因此而誕生。《易經》源於太極，是中國古老具高度智慧的經典，等於西方人的聖經，它影響着整個中國的文化，乃至全世界。

洛水發源於華山的西南部陝西省洛南縣之西北洛源鎮，向東流入河南，於河南鞏義入黃河，全長共 420 公里。洛河兩旁結有很多市鎮及與水庫相連，由西面起有盧氏縣、故縣水庫、故縣鄉、洛寧縣、三鄉鎮、韓城鎮、柳泉鎮、宜陽縣、尋村鎮、辛店鎮、豐李鎮、徐家營，然後結洛陽市。

洛水及伊水由西向東雙夾着洛陽，「午方」又有伊水從龍門逆來，屬於「紫微垣局」。洛陽市是河洛易經文化和華夏文明的發源地，位於中原腹地，一個歷史名城，曾經是十三個朝代的首都。

洛陽市之南有伊水，伊河是中國黃河南岸洛水支流之一，發源於河南省洛陽市欒川縣（欒音聯）陶灣鎮，流經嵩縣、伊川，穿伊闕經龍門而入洛陽，當年大禹治水，將龍門山脈鑿穿，引伊水入洛陽，伊水全長 368 公里，由東北方向流，至岳灘鎮之西，偃師市之南，與洛水匯合成伊洛河，經鞏義、河洛鎮、石窟寺北去流入黃河。

河洛鎮之東北約 17 公里處，剛好有温縣城，城之東面約 5 公里處有「陳溝村」，近北有陳家溝太極拳學校及陳家溝武術院，陳溝村原名常陽村，現名陳家溝，北面約三公里處有趙堡村。明朝洪武年間，山西澤州人陳卜遷至該陳溝村，因村中有一條南北走向的深溝，隨陳氏人丁繁衍，該村因此更名為「陳家溝」。因為村民常遭山賊打劫，故全村人都修學太極拳，以此作為守護。

因為黃河與洛河交匯，「易經」出自於「河圖」及「洛書」，孕育出太極陰陽文化，陳家溝成為太極拳之鄉，這裡誕生了風靡世界武術宗師的師父。

陳家溝被認定為太極拳之發源地，是因為出了楊露禪的一個徒弟，他在北京打遍天下無敵手的緣故，在清朝中他的聲名遠播全中國。

陳家溝出名的原因，在風水上來說，筆者繼大師認為有三點原因，茲述如下：

（一）陳家溝坐北向南，遠處右方有洛水、伊水由西南方來，滙入黃河，然後往東去，故前收洛水、伊水及黃河的水氣。

（二）陳家溝村南北向，內有南北水溝，後天卦象為「北坎南離」，水火既濟之象。因村中有此水溝，此水流影響着陳家溝的風水。事有湊巧，楊氏的家鄉河北邯鄲廣平縣，亦是有南北水流及東西水流環繞該縣。

（三）砂法之中有拳頭砂，它都具備了這個條件，尅應了出太極拳之一代宗師。

趙堡村亦是太極拳的發源地之一，但陳溝村出了楊露禪，把陳溝村之聲名遠播，至今兩村亦有太極拳發源地之爭。筆者繼大師認為這當中有風水作主導，伊水、洛水滙入黃河東去，陳溝村在趙堡村之南2.2公里，陳溝村逆水先收，趙堡村後收，拳頭砂之手腕經趙堡村理應先發，不過拳頭砂盡於陳溝村而遲發，又有坎離水溝，地氣聚於此，真是佔盡地利，時也運也，半點不由人。

直至現代，世界各地有很多人慕名而來，到陳家溝那裏學太極拳，是世界知名的太極拳聖地。它始於陳卜先生，他從山西洪洞縣遷到河南温縣陳家溝，傳至第九代陳王廷先生，他是一位武將，是陳氏太極拳的始創人，他集合了多家拳法的精華於一身，開創了太極拳法。

現時傳至十九代掌門人陳小旺，其姪兒陳自強為廿代掌門。陳氏其他後人到了歐洲弘揚太極拳，吸引了很多西方人學習，他們甚至駕車數小時去上課，可謂將太極拳宏揚至全世界，未來更具影響力，是中國功夫的國粹。

《本篇完》

楊露禪金身　　楊露禪

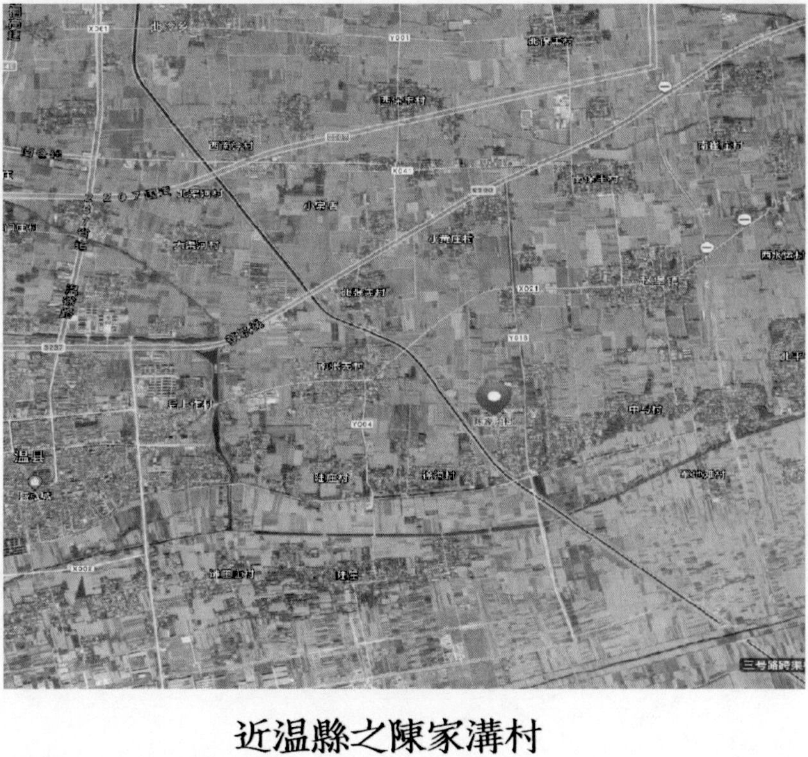

近温縣之陳家溝村

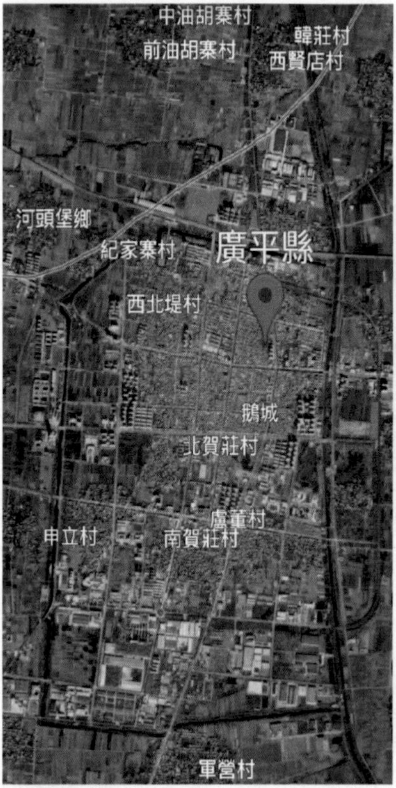

楊露禪故鄉「廣平縣」　　陳家溝太極拳祖祠

（五）逆騎龍地的神異——以色列伯特利祭壇

繼大師

亞伯拉罕英語為「Abraham」，意為「多國之父」，約四千年前出生於現時的伊拉克，他是以色列人的老祖宗，活了 175 歲，生前曾經住過別是巴（Beersheba）的地方，在聖經創世紀 22：1-19 內有述說上帝給亞伯拉罕的考驗，上帝曾經命他在一處地方建立祭壇，命他把自己的兒子以撒獻給神，後來天使阻止，並以一隻綿公羊代替，後來建壇的地方起名叫「耶和華以勒」，在當時由此地去「別是巴」要三日路程。

聖經記載說，神命亞伯拉罕在以色列建立了禱告的祭壇，共有四處地方，其中亞伯拉罕所建立的祭壇是在伯特利（Bethel），是世界上最古老的祭壇之一，祭壇是人神溝通之處，選址的地方最為聖潔。

香港有一位牧師到了以色列的伯特利，想尋找亞伯拉罕所建立之祭壇原址，找了很久，仍然找不著，車子行到伯特利一處山坡上，突然輪子爆軚，沒法子走，需要更換，當時他虔誠地向上帝禱告說：「請祢化出一片浮雲，帶領我們的車子，使浮雲停在祭壇原址上空，好讓我們知道。」當祈禱完畢後，立即出現一片浮雲在車子下方的上空，停着不動，很快輪軚已更換完畢，於是車子沿著小徑走去目的地，從多方面的考證之後，調查發現，此處很大機會為阿拉伯罕築壇之地。

這個地方在伯特利一個山頂的大平坡上，為坐南向北，高山結地，一片平地，約濶一百多米，深約五十米，然後孤度慢慢跌下，平地形勢為左右濶，前後略短，後方靠著一條橫長木形而且非常寬濶的平頂山峰，略高出此地約兩至三層樓高，作為此地的靠山。

左方青龍為太陰金（圓金形）護砂，青龍山脈走向前方環抱此地，後方靠山向右邊白虎方伸延，後方不遠處有遠山山脈補缺，遠方白虎砂經前方中間至青龍方，整排相連的圓金形大山峰形成一個弧形的羅城，羅城與阿拉伯罕築壇的中間地方，成了一個橢圓形的深窩，所以生氣全聚於前方深窩處，為水聚天心格局。

前方中間正朝有濶大的金形山峰，非常有情，築壇的地方在一個平濶的山崗頂上，根本就是一個大陽宅結地，因為坐南朝北，後靠平長橫木形嶂，其後方遠處又有一大山，後靠兩重大嶂，來龍山脈全部由北向南行，穴朝北而逆水，這正是一塊逆騎龍的風水寶地，騎龍穴之中，莫貴於逆騎龍穴了，亦是筆者繼大師生平第一次看到的逆騎龍地。

但因為時代久遠，穴上青龍方平地有一略突之小矮丘，側邊有一個非常久遠的阿拉伯皇族古墓，全用石頭砌成的石屋，四方形豎立着，大局方向是北向，但略偏東北方，向度在前朝大局中略為偏右，石屋墳墓在白虎方開門，門向東方，門內頂有圓拱形頂，全是石塊砌成，這條龍很高大，頸非常瘦長，口有長舌，舌尖有三條細小分舌，成三叉形，靈活地呑吐着，呈現金色，靈氣特別重。

在阿拉伯人古墓的青龍方平地上，一塊平滑的白色石塊，成弧形狀，非常滑溜，據說雅各（雅各－Jacob，舊約聖經創世記中的人物，又名以色列（Israel），是猶太人的祖先，亞伯拉罕的兒子「以撒」的幼子。）他曾經睡在此塊平滑的石塊上，夢到天使在天梯上上落落，得到上帝和天使們的啟示。

在阿拉伯古墓東面約十至廿米的平地上，有很多石塊圍成一個圓圈，就是四千多年前亞伯拉罕聖殿的遺址，剛好遺址正後方種有一棵大樹，據說拜牛神邪教的人，亦在近遺址的東側面埋下金牛神像，後來被羅馬帝國以太陽神鎮壓之，真想不到一穴寶地，被多教教徒所爭奪，相信有靈氣的地方，會增加祭壇聖殿的靈氣，西方人不懂得風水，但上帝給亞伯拉罕點地築壇，真是有點不可思議。

這正如台北之北峰寺主持陳純純女士所說一樣，她們的寺是由四個附着神靈的壯男，抬著主神準提觀音，在山上跳來跳去，找出結穴的位置而建成的。香港的黃大仙廟，亦是由扶乩（神靈附在「丁」字柳木筆上，在沙盤寫字，是神與人溝通的一種方式。）所找出的，無論在東方或西方，能與高級的神靈溝通，一樣可以找出好的風水地。

一個國家，大至世界性的宗教，他們的成長都與風水地理有關，雖然他們不信風水，但山川大地的靈氣影響着他們，五行之氣，誰能擺脫，唯有佛、大羅金仙可以不在五行中，雖然修得金剛不壞之身，但靈識始終會離開肉身。世上哪有不死的肉身呢！唯有佛性不生不滅，宇宙全毀，它也無損。無論如何，以色列的伯特利祭壇所在地，是一穴難得的天下大地；若他們在那裏再建立新祭壇，依元空大卦立取向度，其教派必更加興旺。

《本篇完》

附碑文如下：

The rock of Jacob、s dream

This rock was identified by pro. Ze'ev Vilnai as the rock of Jacob、s dream. The ancient building next to the rock consists of a Muslim prayer house (Macam) and a Christian Chapel. Genesis 28,12-19:And he dreamt, and saw a ladder resting on the earth and reaching the heavens ,angels ascending and descending it. And God said to Jacob :I will give the Land upon you lie to you and to your children. And all of the nations on earth will be blessed through your children. I will remain with you, watching over you wherever you go, and I will bring you back to this land ……And he called the place Brit - El. (House of God)

阿拉伯皇族古墓

阿拉伯皇族古墓

雅各 (Jacob)碑記

後靠橫木形星

後靠橫木形星

前朝北方堂局

白虎方砂

（六）「有雞料理」的奇遇

繼大師

於2016丙申年春節，筆者繼大師偶然到台北辨些公事，然後有一天時間作自由行，臨行前，在谷歌衛星圖（Google map）選了一幅風水地作研究，在詢問台北的客車公司時，發覺此地並非一般民居，而是一間食店，名「有雞料理」，於是中午在此地吃飯，店主是一家人，是家庭式生意，以食店為生。

老闆娘徐太，丈夫曾在浙江蘇杭做生意，在蘇杭住了廿多年，但好景不常，生意失敗，被人騙了很多錢，在一無所有之下，絕望之餘，毅然返回娘家求助，把娘家中的雞舍改建成飯店，前鋪後居。

雖然徐生未曾以煮食為職業，但「馬死落地行」，由於飯菜煮得不錯，加上在網上宣傳，故此顧客漸漸多起來，生活總算過得去。店

由於我們是第一批香港人到此探訪並吃飯，徐太覺得奇怪，追問我們說：「若非在網上看到，又非朋友介紹，這樣偏僻的地方，你們怎知到這裏來。」我們說在谷歌（Google map）衛星圖找到的，特別來欣賞此地，她隨即請我們為她指點一下。

首先門口上方屋頂尖角火形，要加上土或金形的照壁，建築學上稱為「防火牆」，由於圍門前方近處有一束不高的樹在正中央阻塞着氣口，需要斬掉，另外，她想建間咖啡屋，問我們建在那裡最好，「在停車場上是最好的」筆者繼大師說。

因為我們指點了她，她送給我們每人一樽腐乳，我們不肯接受，但她堅持給我們，結果忘記搬上車，後來我們離開了，她居然要打電話給我車司機等她，她親自駕車送來，這麼的熱情款待，真是值得指點。

今年（丁酉年）春節期間，我們再次蒞臨，上次命她把樹除掉，使圍門更加開陽，但她卻沒有做，後來無緣無故被風吹倒，樹被拿掉，後生意便忙起來，整整一年多，有運行的人，真的不需自己動手，天也在幫忙她。

飯後我們要求往飯店的上方位置看看，徐太帶我們到一陽居，「冂」形設計，中有內堂，後坐來脈，屋在平地位置上，是升高一級的平托，前方是連着車路的第二托小平地，車子可正接駛入停泊。

此屋正是她娘家的祖屋，原來筆者繼大師在谷歌衛星圖所選的位置，其中一處，就是徐太的祖屋，真的是很有緣份。

徐太祖屋坐寅向申兼艮坤（困䷮），故剋應在丙申年（2016年）筆者繼大師到此探訪，门形建築，左右箱房，中有內堂，主屋後方青龍有缺，凹風（左方坳風）吹頂，尤其是長房（一、四、七房）頭部易有病，但長遠的未來，二、五、八房會很富有，論砂手及堂局之美，是極為罕有的。

屋前方中明堂頗大，前朝正對中堂出水口處，正是左右脈雙交之地，龍虎二砂雙交在中間之凹位外，位置距離不遠不近，高度適中，龍虎二砂雙交的凹位，外有高聳的朝山，至少兩層，一層比一層高及遠，山巒遠高而近方低，逆收大溪水流，徐太雖然不懂風水，但她晚上常坐在祖屋內堂平地上，看著前方堂局的朝山，總覺得很美，人也心曠神怡，有一種說不出的喜悅。

論此徐氏祖屋之地，三堂具足，（繼大師註：三堂者，內明堂，中明堂，外明堂。）如此的堂局，實屬罕有，內堂是人工平托，中堂是廣闊，氣聚而交融，屋前方中堂中間有龍虎二砂相交，兩砂脈相交之中間有一凹峰缺口，凹峰之外，至少有兩層遠朝山峰，立局非常自然。

祖屋向度正朝著凹峰外之遠遠中間的朝峰，大溪水源由石門水庫，經過遠方的山峰而來，凹峰內之水是順局，凹峰外之水是逆局，是「先順後逆」，故發福在後，甚為有力，且連綿不絕，雖然暫時不發，但時運一到，發福力度非常大。

此地雖好，但非主穴位，其唯一的缺陷，就是青龍後方有凹風，筆者繼大師看過很多穴地，小地多不起眼，多沒有缺陷，中地及大地，多少有一點缺陷，天地之間，並沒有完美的穴地，發富的穴，不會長壽，長壽的穴，又不發財，種種之穴地，彼長此短，互補不足，亦是「風水輪流轉」，天地之間，就是無常，只有聽其自然吧。

《本篇完》

「有雞料理」徐太祖屋

大尖湖之鎮福宮

前朝彎環的大溪來水

（七）大尖湖之鎮福宮

繼大師

在台北桃園近大溪鎮西北地區的大尖湖，有一鎮福宮，內供奉福德正神，由娘子坑左方路口直上，到路之最高處，道窄險要，九曲十三彎，非常危險，近峰之顛，建有新的鎮福宮。

原來舊的鎮福宮，建於新宮的後方高一級的平地上，原廟面向土金形案山，非常有情，左水倒右水，左方高，右方低，右遠方是大溪來水方，後靠一山丘，中間是平地，為內明堂，位置雖高，然而左右有砂手守護，自成一局。廟主為黃永輝先生，舊廟由父親建立，經過小廟的崎嶇山路，全是他父親所建，祖上積有善德。

原先這間舊廟位置，其地契由屋主黃先生買下，當付了錢後，賣家不給地契，屋主廟祝公黃永輝先生與賣方有訴訟糾纏，故拆了舊廟，重新建屋，現時還未解決，黃先生希望在三年內完成此間廟宇的發展建築，並問筆者繼大師此鐵皮屋廟向度如何。

筆者說沒有問題，巒頭理氣均全部正確，唯一修改的，是把屋前右方平托邊的空隙，用值樹的方法，把它遮住，使氣更聚，故一切皆有定數，黃先生非常高興，緊握筆者雙手，以示感謝。這廟上面那間鐵皮屋是艮山坤向兼寅申（訟䷅），真的剋應了官非訴訟之官司。新的大尖湖鎮福宮，卯山酉向兼甲庚（師䷆），昔逢丁酉年壬寅月，我們到此地探訪，新鎮福宮在大尖湖頂，正正靠山是平頂的山頭，為鐵皮屋內明堂的右方山邊，後靠有缺，新廟面對大溪來水，水流由石門水庫上游，經大溪鎮與八德市中間而來，新的鎮福宮面對彎環的大溪來水，是謂「九曲來朝」非常有情。

最初勘察現場地形，見水流由廟方順去前面遠處，面前水流是右倒左，發覺流水不合常理，明明是來水的，為何會變成水去呢？據當地居民所說，原來到了冬天，因為雨水減少，在新廟右方下關的地方，是鶯歌區與三峽區中間的淡水河，因為建有人工水壩蓄水，在冬天雨水少之時，便會開閘，水流倒流回到大溪鎮那邊，以供村民應用。

新廟位於大尖湖高處，地理環境險要，高居臨下，望着整條大溪，向正西方，日落時，陽光照射，西斜的光度，非常強烈，幸好水流有屈曲，夏天是逆收九曲水，但無論是來水去水，均是有情。廟前低一級位置是車路，順弓環抱小廟，略左方有一正方形小平地，作鎮福宮的明堂，供朝拜者停泊車輛，亦可作為觀景台，欣賞前方美麗風景，是該處最佳的觀景位置。

據黃生說，他專程由中國大陸聘請地師，來台點地建廟並立向，一手包辦，雖然在造作上有少少缺陷，但這位風水師的功夫，真算不錯，這可能是黃生祖上行善積德所致，真是福人居福地。筆者繼大師在此祝願黃先生三年內能夠完成廟宇的發展建築，地契的官司能早日解決，以完成剋應訟卦之數。

《本篇完》

鎮福宮白虎來龍靠山

鎮福宮橫木形青龍砂

鎮福宮

鎮福宮遠方前朝

（八）北峰寺的傳奇

繼大師

在偶然的一個機會下，到台北自由行，未去前，在谷歌（Google Map）高空地圖上搜尋真龍結地，先觀察整個台北市的大勢，以台中玉山（3952米）為整個台灣的祖山，脈分南北而行，南面結高雄市，北面結台北市。整個台北市之大局為四正子、午、卯、酉向，合乎首都之格局，可惜的是，當初立城之時，馬路及樓房及整體城市發展的規劃上，沒有完全依照東南西北四正向立局。

台北市之南面山麓，是玉山山脈與平地間之盡頭，有永和市、文山區、新店區，有新店河滙入大漢河同出淡水河而出淡水。台北市之東面有山脈包裹，玉山山脈北行（東北偏北），經平溪鄉至仁愛區，至暖暖區近基隆港間有山坳，山脈然後向西北方行，連接陽明山，雖然有界水界了部份山脈，但不阻礙脈氣進行，而整個陽明山山脈豐厚，坐北面南，為整個台北市的北面靠山，風水上稱為「天柱」，主壽元。

整個台北市最奇特的地方，就是仁愛區與基隆市之間，水流沒有從基隆港處直接出東海，反而向西北偏西而行，繞過陽明山以南之山腳向西而行，經汐止區，由南港區與新店河滙入淡水河而經淡水出東海。汐止區靠北面之陽明山，北峰寺剛剛位於汐止金龍山，坐北向南，前朝金龍湖畔，倚山而建，以八臂準提觀音為主尊，俗名：「**社后觀音仔廟**」，由陳論先生獻地，創建於公元 1942 壬午年。

據委員陳純純女士說，點取此穴地之時，有神靈附着四位男乩童，抬着木橋上的佛像，在金龍山上跳來跳去，跳到一處，點了長方形四個角點，然後坐在後方中間，就是現時主殿內所建的四條龍柱，後牆中間就是主尊八臂準提觀音金身所在處。

我們一干人等拜訪北峰寺，有一男的同行者首先入內，當時微雨，把雨傘放在門外，隨即被提醒雨傘不能亂放，但當一見到筆者，好像老明友一樣，態度立刻温和，又剛好面見陳委員女士，受到熱誠接待，奉茶點之虞，又介紹寺廟的歷史，更破例讓我們一起入大殿內參觀，任由我們攝影，並對筆者繼大師說：「**我們前生是舊相識，今世相遇是重逢。**」

筆者有點受寵若驚，感激之虞，更羡慕她的修為，又問我們如何會到來，我說是看了谷歌（Googol Map)，得知此處有大地理，便來探訪，這亦是緣份。北峰寺於公元一九八三年增建大雄寶殿，一九八七年觀音殿柱樑老舊坍塌，歷經三年拆除重建，並整建東西廂房，建築雄偉，香火鼎盛。

廟後靠正北面的金形山峰，因而命名為「北峰寺」，廟坐子向午，是父母卦運，左右龍虎山脈守護，前面有金龍湖，湖外有一大片平地，現已建有很多建築物，而成為一個市區。

從北峰寺向前望，沒有案山關攔，只有三棟約十層高橫放的洋房正對。陽居結穴，沒有案山，是個大瑕疵，沒有關攔，一般來説，多是送水局，但北峰寺則屬例外，有基隆河繞過前方，整個陽明山山腳的中間範圍，就是汐止北湖區，水由左到右，流到圓山飯店所在地，水一屈一繞，就是汐止區的下關砂。

但最重要的，就是前方遠處的群山高聳來朝，由西向東而排，桃園有由子頭、龜崙山，大溪鎮有尾寮山、湊合山，三峽區有長壽山、練武嶺、風爐寨山，新店區有塗潭山、新北市中部有中嶺山、大高山、直潭山，深坑區有大坪山、符老坑山、石尖山、筆架山，石碇區有樹梅嶺山……

大局所有水流，由西向東、南向北，再由東北方淡水出台灣海峽，寺的遠處右方，有淡水河逆流而來，故大局是逆水局，非常難得的形勢，雖然在寺廟向前方看去，似是順局，大勢是逆，正是先順後逆，若不看高空圖，眼見前面平地一片，多數以為是順局。

由於廟之前方近處有金龍湖，有止着來龍地脈的功能，但所見範圍不大，朝向之山水零正不清，是一小缺點，其地點周圍，因得地氣，故樹木茂盛，生氣蓬勃，靈氣毓秀，在此修行，易得相應，無論如何，此處是一所具足地氣的廟宇，難得之地。

《本篇完》

北峯寺

北峯寺俯瞰圖

北峯寺主尊準提觀音

北峯寺俯瞰圖

（九）地識的傳奇

繼大師

「地識」是中國古代的風水明師，在尋龍時，點得真穴後，想留予有福的後人使用，於是用詩文提示穴位，刻于石塊上，將天機石塊暗藏吉穴穴位內，若有人點著，找得石識，以証明穴位之真確無誤。

東漢時代，有夏侯嬰先生，封為「滕公」，有一天，當他乘著馬車到東都洛陽時，到達一處地方，馬匹不肯前進，而且大叫大鳴不止，並以馬足踏地，滕公覺得有些古怪，於是命人掘地三尺深，見一石碑，上面刻著：

「此乃風水吉穴之地，已經隱藏了很久，三千年始能得見，白天遇到，令人驚嘆，先生葬於此處。」

滕公說：**「天地之間真神奇，難道我死後真的要葬在這裏！」**

自古以來，有大福德的人，始能葬在吉穴上，或能居住在陽宅的結地上，所謂：「福人居福地」是也。

又楚國之孫叔敖在幼兒時候出外遊玩，見有兩頭蛇，於是殺了牠，把蛇埋葬，回到家裏憂心而不進食，母親問他何故。

他說：「有人說見到兩頭蛇必死。」

母親說：「現在那條蛇在那裡？」

兒答：「恐怕他人見到，所以殺而埋之。」

母親說：「你不會死的，因為聽聞有陰德之人，必有好報，天必佑之。」

這正是在唐、卜應天著《雪心賦》內所云：「**欲求滕公之佳城。須積叔敖之陰德。**」

繼大師註：上述故事，見《地理天機會元》上集，陳湘記書局出版，【陵岡】顧乃德、潭庠、徐試可重編，第六十七頁《雪心賦》內之註解。

【明】小欖 – 李默齋地師，在鶴山找到一穴大地理，正與地匠在穴位處開鑿時，突然覺得很疲倦，於是就地小睡，忽夢見一位像土地公的老者，對他說：「此穴地不是你的，是屬於黃氏族人，未來將出姓黃的狀元郎，你可在此地南方之不遠處，有龜山，內有縮頭龜穴地，你可往那處尋。」

李默齋醒後，立刻帶地匠離開，果然在鶴山－樓冲，尋得龜山的縮頭龜穴，作自己的壽基，筆者繼大師曾於一九九八年去勘察過，內葬李默齋夫婦及其兒子夫婦共四人，當時龜山之穴星已有些損壞，多年前（現爲2016年），聽聞龜山已經被破壞，但有待証實。

李默齋地師是廣東－香山－小欖人，職業為鶴山的教師先生，風水是他的專長，於明朝1548年，有風水著作《闢徑集》，他在鶴山－樓冲教書，知道當地風水很好，於是點得縮頭龜穴，作自己的壽基，其子孫遍佈廣東鶴山、小欖，李默齋先生在香港的後人很多，都是名門望族，人才輩出。如：

李家成（1808－1868年）李民橋、李民斌、李佩材（又名李石朋，李家成三子）家族成員——李作元（又名：李冠春）、李國寶、李國能、李國章、李志喜、李國棟，李作聯、李福樹、李福善、李福兆、李福和、李福逑……李陞家族——李寶椿、李兆增……

全部都是高級知識份子，有商人、慈善家、富豪、金融界名人、律師、法官、議員、醫生、專家……

在香港荃灣鄧氏三世祖墳半月照潭，四世祖鄧符協風水師在開掘泥土時，發現穴位地下有一塊石碑，是白玉禪師所寫的地讖詩一首。曰：

「長沙左手接青羅。右攬青衣濯碧波。深夜一潭星斗現。裏頭容得萬船過。有人下得朝陽穴。十三年內即登科。若是世人尋不得。回頭轉問釣魚哥。」

故鄧符協風水祖師稱此穴名「半月照潭」，証明他點此穴位的地點，正確無誤，「朝陽穴」者，即子山午向也。現時墳穴雖然仍在，但前面結地之餘脈已經被鏟去，面前堂局已經填海，興建大量樓宇，穴前明堂已遭破壞，幸好來龍地脈仍保存，墳穴仍然得到地氣。

筆者繼大師恩師　呂克明先生，于公元一九七三癸丑年，在香港上水洲頭，土名「鐵坑淡水井」為文氏廿二、廿三及廿四世祖點一穴，名「倒地葫蘆」，在此之前，已有一地讖流傳曰：

「倒地葫蘆向鐵坑。回頭一眼望青山。誰人尋得到。兒孫不艱難。羅衣去。錦衣還。」

所以「地讖」是古今風水明師的互相引証的証物，亦是天機之秘，明師不能直接說出，就只有用「地讖」的形式去暗示吧了。

《本篇完》

（十）勘察王爺穴的遭遇

繼大師

有一天，到香港新界流水響某村莊勘察風水，見有一穴地，此地山環水抱，四邊群山環繞，來龍是一大山嶂，中央有尖峰，左右山脈寬闊，尖峰之下生出一不土不金之小山丘，丘中左右有微微界水，中間有微脈落下，外圍左右有山峰作夾耳，前有朝山，四正應星俱備，已經葬有一穴，只可惜位置有誤，真結之地尚懸空。

此穴之明堂上，有一間三層樓的村屋，是鄧氏後人定居之地，當我們路經門外時，突然發現此屋與別不同，是平陽結地，樣樣俱齊，正在勘察期間，昔逢鄧老先生夫婦回來，原來鄧老先生亦懂一點風水，彼此暢談甚歡，此屋的風水，原來有一段故事。

鄧老太説，當初她們住在鄧氏宗祠後排的舊村屋，覺得屋子殘舊，想另覓地點建新居，至於建在什麼地方，則無從入手，於是鄧老太向村口附近的土地公祈求，當晚她發了一夢，有位持着手杖的白鬚公，指點她在其中鄧老太所擁有的一塊田上建屋，這就是現時所住的地方。

這土地公真的威靈顯赫，能夠點在平陽一突之真結穴位上，真不簡單，勝過很多出名的風水師，在入伙後不久，屋前面被人再建新屋，把近方明堂生氣攔截，鄧老太說，前屋一建成，立刻被人入屋偷竊，破財十多萬元。

話說回頭，這尖峰山嶂下的土金形穴星所結之地，據鄧老先生說，亦有一段少為人知的往事，事情發生在清末時代，鄰近一條姓王的村落，請風水先生在他們村後的土金形穴星上造葬他們祖先。

造葬後不久，在民國初年，出了一個姓王的大賊頭，手下有百多人，趁着民國政治尚未穩定，到處打劫搶掠，事件愈搞愈大，後來傳到政府那裡，於是派兵前往圍剿，大賊頭終於伏法而亡，百姓始得安寧。

廖禹地師曾在江西省樂平縣（土名軍山）為劉氏點有一穴，穴位置已定，無奈劉氏自葬祖墳，葬法不合，廖禹嘆曰：

「我做定產王侯扶聖主。他做草寇強梁不善終。」

後劉氏出了四兄弟，隨陳友諒起義反元，結果敗於朱元璋手上，不得善終。

尖峰山下穴地雖是真結，可惜地師功力不足，錯點位置，來龍是上元運，正合民初上元三運的發跡，祖山尖火形帶煞，本來不能造葬的，但因為在穴場上往後看，成為木形帶少許火，加上穴星位土金形，簡直就像滿清時代的皇爺帽子一樣，木火來生土，無奈錯點位置，及錯立煞向，導致出如此的人，真是時也運也。

我們由星丘的青龍方，往穴位頂上去勘察，正在行進途中，突然見到山下王姓村落中，出現一群婦人，頭帶客家帽，各個手執長木棍及鋤頭，指着我們，一片喧嘩吵鬧之聲，即時聽見警車響起警號之聲，未幾，有兩名警察向我們的方向走來，我們一見如此，即時自動下山去迎接兩名警察，免得他們辛苦地爬上山來。

據兩名警察說，村民報警，謂有人在山上偷葬，一名警員隨即往山丘頂上走去，看過究竟後，並沒有發現什麼可疑的東西，在沒有理據的指控下，登記各人的身份證後便離去。

據筆者繼大師勘察風水的經驗，凡是垣局地方，內有火形石塊的尖峰山，在某些地方角度上看去是有刑剋的，或對某些建築物構成尖射的，則出人凶惡，或被尖剋沖射的屋內宅民，易遭凶險，在勘察風水時，一見山水無情，要小心為妙，否則容易遭殃。

但火形星的出現，可能在某個角度上看去是吉祥的，如現白鶴形，或文筆峰，都是吉砂，在擇地造葬上，亦要注意火形山的出現，不可作正靠，必須有土形或有橫木形山丘作近距離靠山，或作穴之父母星，使火星得到轉化，成為火生土，或木生火（反生），則吉穴可卜，正如這王爺帽穴地，就是木火祖山，生土金穴星，只可惜找不到明師造葬，風水明師難求矣！

《本篇完》

（十一）風水陷阱

繼大師

無論你是職業或業餘風水師，當你給人家看完陽宅風水後，福主在短時間內所發生的事情，無論吉凶，他都會覺得與你所做的風水有關。但是看陰宅風水又有些不同，因所尅應的吉凶，雖然應驗並沒有那麼快，但尅應必定有，一般葬在公墳，通常三五年間沒有凶事發生，這已經是吉應了。

一位業餘風水愛好者，在谷歌（Google map）上尋龍點穴，發現一處地方，來龍從高山而來，落脈非常大及寬厚，有撿頸、收放、穴星，左右護砂兩重，的穴位置貼靠穴星，穴前平托深廣闊大，是一處大地，亦是陽宅高結之地，又有羅城在遠處環繞，該穴已建有一幢三層的建築物。

為了証明穴之真偽，於是相約他的師父去引証，由於他姓戴的風水師父很忙，未能即時同往，於是他相約了自己的同門師兄弟共三人，一同前往。這陽宅結地是高結之地，位置頗高，前方的大平托下，連接長長的石級，下方有鐵閘一欄，重門深鎖，無法進入，因是私人地方，所以不能冒然闖進，結果掃興而回。

約一個多月後，戴師父帶着徒弟共四人，前往勘察；首先察看其附近的地勢、來脈及護砂，最後行至這陽宅結地，當行近結地前方長長的梯級下近鐵閘處時，鐵閘及大門均打開，見有十數人搬着非常凝重的石刻及雕像進入此陽居，原來是一間廟宇。

戴師父看見一位搬運者，原來是相識的友人，寒暄了幾句後，師徒四人便一同進入。此地面積約八千至一萬尺，勘察一番後，發現此處為「子山午向」，一流之向度，選址地點正確，無論巒頭或理氣皆合。寺廟正靠穴星，羅城緊密，左右護砂多重，是一穴非常難得之真結大地。臨離開之前，剛好遇上此寺廟姓陳的負責人回來，原來亦與戴師相熟，真是有緣相聚。

傾談之下，原來陳生經過兩位友人推介後，正想找戴師勘察此廟宇的風水，今次不請自來，機緣巧合地相遇。真是：

相請不如偶相遇
因緣巧合同聚處
不須尋他千百度
廟宇陽居施堪輿

約個半月後，戴師還未收到陳生的消息，在此其間，陳生公司被人打劫，損失了現金約三萬多元，未幾陳生始約戴師看這廟宇。他們最初見面後，前後相距約兩個多月始能安排勘察。

戴師收到通知後，並不急於前往，由於戴師本人屬「丁未」年命，「辛丑」年為衝太歲之年，為了避免發生意外之事，故他凡事特別小心。

為了謹慎起見，於是擇日勘察，避開那個星期內 2021 年 6 月 10 日星期四之「丑」日地支，因「丑、未」相沖之故，該日為農曆五月初一，是日為日食之日，香港地區不見。

日課四柱八字為：

辛丑　年
甲午　月
己丑　日
己巳　時

他最終選擇了2021年6月11日星期五早上10點勘察，四柱八字為：

辛丑　年
甲午　月
庚寅　日
辛巳　時

這日課「甲、庚」月日之天干貴人到「丑、未」地支上，日課「辛年、辛時」天干之貴人到日課本身的「午月、寅日」地支上，雖然並非天上三奇「甲、戊、庚」格局，但總算有兩個「甲、庚」天干貴人，此日課總算可用。

相約好後，在這星期內，戴師每晚四點左右都醒來，不知什麼原因，竟然不能入睡，未曾好睡過。到了6月10日星期四「丑」日地支的那天傍晚，突然收到通知，陳生家中發生事故，明天星期五看風水之約會取消。

原來陳生家中老父，獨自一人於星期四早晨出門，傍晚亦不見他回來，個人手提電話沒人接聽，家人心急如焚，到處打探都沒有他的下落，結果還是找不着，於是報警處理。

直至6月二日星期五傍晚，有市民在荃灣青山公路汀九段對開海邊釣魚時，發現一老人倒臥在石灘上昏迷不醒，後證實已死亡，死因有待驗証。經警方調查後，證實死者為一名失蹤人士。

陳生收到警方通知後，得知其老父意外身亡，悲痛欲絕，死因還是一個謎。戴師得知後，雖然替他難過，但在另一方面，他覺得自己非常幸運。

試想想，若然戴師擇在星期四當日看風水的話，不由你不信，那日課與他的生年干支天尅地沖，是日又為日食之日。若當日早上看完風水後，下午陳生的父親立刻失蹤的話，那位戴姓的風水師，縱使他的風水造詣有多高，在這情況下，水洗也不清，不單止臭名遠播，還結下仇怨。

又若果兩個多月前，戴地師一遇見陳生後，便立刻幫他看風水的話，那陳生公司的三萬多元現金被偷竊，加上父親的遇難，福主必然相信是看風水後的效應。

若因時間上的巧合，而產生誤解，造成仇恨，這些恩怨，如何化解！很難令人不相信這一連串相關事件的連貫性沒有關係，因行善而招結惡緣，真冤哉枉也。

風水難敵業力，不過，這一切都是最美好的安排！命運真的沒法擋。

偈曰：

是福不是禍
是禍躲不過
功夫縱然高
實難解世羅

《本篇完》

（十二）土地公報夢點地

繼大師

一日筆者到一村落考察風水，此村建在一片平地上，四山環繞，呈現一個大型的長方形垣局，西南來龍至東北去脈為長方形，西北與東南略窄，平地垣局近中心處，有一水流迂迴曲折地從西南方流去垣局之東北面，再轉到西北方而離開垣局，平地中央不見出水口。

從垣局之東南偏南方，是水流之源頭，流去垣局之中軸綫上，地勢略高些，且大部份是荒地。筆者繼大師沿着平地垣局下所突出的龍脈而行，至一處田野，脈突然發生變化，少少頓跌後生一平托，因為是平坡地，來脈少少突起，若不細心觀察，很難看得出。

剛好這裡有一戶人家，細看之下，四週山勢環繞，四正之山剛好拱照，前方左右兩邊有山脈橫攔守護，中間有一缺口，為出水口，缺口之外，有高聳的朝山相照，此三層高的村屋建立的位置，就是一塊陽宅結地，其向度與垣局大向相若。

不過這裡有少少缺陷，筆者繼大師述之如下：

（一）天然的缺陷 —— 後方青龍遠處山脈不夠高，且有一略高出的凹峰，不過凹風由左後方屋頂吹過，幸好屋之正後有一獨立高聳山峰作屋之正靠。

（二）人為的缺陷 —— 房屋雖然建在陽宅結穴處，但很不幸地，緊貼屋子的前方，突然建有另一間陽居三層村屋，把前方堂局生氣攔截而生氣遭破壞。

屋主鄧氏老夫婦，鄧先生亦懂得風水，筆者問他們，為什麼你們那麼捧，能夠找到一塊陽宅風水寶地，原來此地並非鄧先生所點，鄧太説，原本他們住在後方西南面橫長山丘之下，在祠堂後方舊式的排屋裡，自己有田有地，以務農為生，因為房屋殘舊，經常維修，所以另找一地方建屋。

由於鄧太拜神，於是鄧太走到村內一間小小的土地公屋子禮拜，祈求神明指示，當天晚上，夢見一位持仗的老者指示她說：

「你家有一塊田地，在那個位置上，最適合建屋。」

並顯示一幅景象給她看，並説明屋子的大概向度。於是鄧太依照土地公的指示而建。

屋子向度與整個大垣局相若，前方大片平地為明堂，左右兩邊有夾耳山峰，前面左右有山脈從左右方兜入明堂內，為前方的龍虎砂手，高度適中，中間留了一缺口，為正前方水口，而正前方遠處有高聳的朝山作大幛，為先順後逆之局，非常有情，水氣出了前方水口之後，往外明堂之左方而去，屋前不見外方出水口，有朝山及左右山脈作羅城。

這陽居結地，後方之來龍，從後面白虎方而來，雖然沒有近靠山丘，只有闊十多呎及高二、三呎略突出的來脈作靠，但後遠方有山峰作「後照星」，而陽居乘着脈氣，楊公著《撼龍經》云：「高一寸山。低一寸水。」陽居緊接來脈。因為它在垣局之平地上，所以很難察覺。

緊貼此屋的前方平地，屬於他人地方，為鄧氏夫婦陽宅的內明堂，未幾，這幅平地興建村屋，把鄧宅的明堂遮擋着，鄧太說，前方陽居村屋建成後，她們家人無故破財十多萬元，認為是破壞她們的風水所致，筆者繼大師認為這是前堂生氣閉塞所引起，幸好他們的大門向西北方，為大局之青龍方開門，否則會死人的。

由於在屋之左方青龍位開門，大門收羅城山脈所關截之生氣，因為屋之地區是略為突出之高坡平地，門前有小路橫過，路邊下方是凹下去的窩地，有小水流流過，大門收旺向而見水，鄧太問她腳痛是什麼原因，筆者繼大師說在門前橫過的小路邊，加上圍欄，門口不見煞水就可以。

雖然是土地公報夢所建的陽宅結地，但少不免會有些瑕疵，若是福份欠一些，無意之中也會被人為所破壞，土地公的點地功夫真的了不起，這裡四山環繞，中間是大平地，結小型的垣局，平地上所結的穴地為平陽龍結地，這穴後之一突，就是關鍵所在，故楊公說：

「平洋一突勝千峯。」

一般說來，也是很少人知道的秘密，但只要心誠而善良，土地福神一定有感而應。

《本篇完》

（十三）鴨腹穴的奇遇

繼大師

在馬來西亞近吉隆坡北面郊區，有一處不大不小的垣局，四周群山環繞，中間垣局底部範圍是平地，像是山谷之底，其中垣局內有一處地方，有兩山相對，垣局之中唯一山勢最低的地方，有水流流出垣局之外，公路建在平地水流上約五、六層樓高之處，沿著山勢而橫過，若沿路駕車，可觀看整個垣局地方。

垣局的出水口處很深而狹窄，使垣局生氣凝聚，水口處有兩山對峙，其中有一個是石山，在公路下方的垣局底部，有三間廟，一間土地福德正神廟，一間拿督廟，另一間廟，其門前有黑色紗布遮蓋，是非常罕有的，原來是供奉黑白無常。

此廟及福德正神廟均同一向度，正收近前高聳的石山，此種石山稱為「北辰」，凡垣局出水口地方出現「北辰」（高聳石山），意味著垣局內必有大地，主蔭生高官。

《地理人子須知》（乾坤出版社出版）〈卷五上〉〈砂法〉（285頁）云：

「北辰者。水口間巉岩石山聳身數仞。形狀怪異。當于中流。挺然朝入者是也。亦謂之尊星。此格極貴。千不逢一。非王侯大地未易有此。」

楊筠松祖師著《撼龍經》云：

「一個北辰管萬兵。駙馬公侯招討名。高大崢嶸聳雲漢。必是爭天奪國人」。

又曰：「北辰之星天中尊。上將下相列分明。此星乾坤鎮國寶。隱藏閉口莫胡陳。……」

吳公云：「水口交羅生怪石。大小高低論重輕。高大名爲北辰位。必產英雄不敢聞。……」

「百丈石山高聳起。此名大獸北辰星。水口若見北辰鎮。巨石湧起膽寒驚。此星若還關水口。必主皇王鎮國人。……」

《禁星論》曰：「筠松禁星禁何星。餘星不禁禁北辰。至尊之星所當禁。恐君洩漏害君身。又曰：大地龍神朝暮守。不許凡人亂開口。勸君遇着北辰星。禁口禁眼宜謹守。」

以上一大段文章，無非說出「北辰星」的重要性，以現代人的風水功夫而論，很少人會知道「北辰」的秘密，亦不容易遇見，縱使相見，也未必能洞悉天機，此次偶然的機會遇見，真是天大的緣份。

黑白無常廟及福德正神廟，正朝此石峰北辰，在廟門口前正中心望去，高聳的石峰，頂濶而略圓，金形石峰頂，下方種滿矮樹，像是一位戴著高帽子的人頭及上身，恰好似黑白無常的法相。

此廟正與地靈相應，而且位於垣局的水口砂處，為「水口砂作廟」的格局，真是非比尋常，方向與收山出煞均是非常準確，不知是何位明師所造，非常傳神，令筆者繼大師深感驚奇。

為了引証楊筠松祖師對北辰所說的風水學理，筆者繼大師見這北辰石山，正與兩山丘相連，遠處望去，就是一隻很大而肚肥的大鴨子，石山正是鴨子的頭，恩師 呂師曾經教過筆者，在巒頭上的點穴方法，凡似動物形狀的山巒，穴位多結在腹部，頭部及尾部多是穴位的龍虎二砂，守護著中間的穴位。

筆者繼大師的車子沿著車路，走到鴨子的腹部，見到有三處平地，分別建有三間獨立的豪宅平房屋，其來龍由高大的圓金形山丘中間頂部落脈，正是鴨子的背部，左右兩邊均有夾耳山守護著，青龍方為鴨子尾部，白虎方為鴨子的頭部，在鴨子腹部中間的豪宅平房屋望向右方，是鴨子頭部的石山－北辰，其形狀竟然是尖火形的山峰，為此陽宅穴地的白虎方曜星，（穴方左右尖形頂部出現石峯爲「曜星」。）不同角度來看，產生不同峰形。

白虎方的曜星，近頂部份雖是尖形石峰，但山頂以下的部份，均長滿了青綠色的矮小樹木，不覺巉岩帶煞，且非常有情，曜星很威猛，主蔭生出有權力的人，因為沒有這中間豪宅平房屋住者的資料，無法証明其尅應。

但當我們走到這間豪宅外面路旁時，看見用鐵欄圍著豪宅的露天地方，見有三位穿著類似軍服的馬拉人，頭戴紅色貝雷帽（beret），各人扣上吊帶，雙手手持輕機槍，在豪宅內的露天地方巡邏，遙望着我們。

我們的想法是，什麼樣的人能住此屋，會有如此多的保鑣荷槍實彈地守護，一定是非常重要的人物，在社會上有非常高的地位，或是非常富有的人，或是軍政界的要員，無論如何猜測，住這豪宅的人，肯定是非富則貴，非同凡響。

原來，入此段豪宅區域內的公路，原是禁止一切外來無關的車輛進入的，我們非常幸運，由於此段期間，有一間豪宅大裝修，有很多工程車及送貨貨車需要入內工作，所以我們得以自由進出，故可以欣賞此陽宅穴地。

楊公著《天玉經》最後一句云：「**相逢大地有幾人。個個是知心。若還求地不種德。隱口深藏舌。**」

在此豪宅附近路旁處，有一處陰宅穴地，尚未被人發現，筆者繼大師在登臨堪察時，在穴位上觀看，發覺有來龍父母星，有平托兩層，遠處羅城順弓環抱，羅城之下是平地，如一個小峽谷，中央明堂像個鍋子，水聚天心格局，生氣全聚在中間，穴上不見出水口，此地是左倒右水，右邊亦是北辰石山作下關水口砂，方向大致與豪宅陽居相同，同一垣局，同一水口北辰，同一靠山，用羅盤一格其向度，竟然是子山午向，難得的南北大向。

此穴取名為「鴨腹穴」，此鴨子肚滿腸肥，肯定是大魚大肉，豐衣足食，有火形曜星，主權貴，整個羅城垣局雖不大，但很有精神，此陰宅結地是中結，高度適中，陽宅穴地較為高結，兩者皆清貴，面前同一堂局，水聚前堂，難得的穴地。

筆者繼大師有緣堪察此地，甚感榮幸，在馬來西亞十日堪察穴地時，第一站就是此肥鴨腹穴，誰知此鴨子吃食物時有入無出。筆者繼大師不知道是否受到此地靈的影響，竟然十日沒上大號，但身體一切運作正常，臨走之前最後一日，終於開大了，一解之下，非常之多，竟然把馬桶也弄塞了，搞得非常狼狽，「一厠都係」，肥鴨地靈之力，真的那麼不可思議？令人大惑不解，莫非與此肥鴨地相應，哈哈！世事真是無奇不有。

另外，在馬來西亞東北地區，車子在公路旁上，筆者繼大師看見一塊巨大的石山（北辰），近看是圓頂的大石塊，兩腳少許斜斜掰開，面前看去是平頂的大石塊，兩腳垂直聳立，遠處看去是兩塊一大一小的相連石山，像一隻駱駝守護著水口一樣，剛好該處有一水流屈曲繞著此北辰而去，正是北辰守水口，內裡有一頗深長的垣局，亦有不少結地，正是馬拉人聚居的小村落，相信不久之將來，定會蔭生英雄豪傑，地運如此，看來一切都是定數，只是等待時運吧！

《本篇完》

神鴨山 作水口砂

吉隆坡北面之神鴨山

左後方爲黑白無常廟　　福德廟

拿督廟

神鴨山腹部豪宅一

神鴨山腹部豪宅二

金木形

金形

木土形

斜土形

駱駝峯

木土形雙峯

駱駝峯

金頭木形峯

（十四）羅浮山下遇大兵

繼大師

羅浮山下遇大兵
縱使有理說不清
欲窮風水身陷險
一登龍門秋月明

某年秋，筆者繼大師與徒弟馬來西亞職業地師亞莫、何×故（筆名）共三人，一同前往羅浮山考察各道觀風水，分別是玄妙觀、九天觀、冲虛觀、黃龍觀、黃龍宮、華首古寺、蘇東坡妾侍王朝雲墓及泗洲塔等地。

當我們勘察完冲虛觀，正在一間飯店吃午飯時，同行中的亞何，見飯店內的神位放在廚房門側旁正向大門方，並不聚氣，他路見不平，拔刀相助，筆者繼大師告誡他說，閑事莫理，各有前因，否則會頂替他人的業力，帶來自己麻煩。

在羅浮山黃龍觀山腳近山門入口處，有建築輝煌的黃龍觀牌樓，足足跨越整條馬路，入口馬路與主要大路成「T」字形，牌樓前朝一片平田，是順局，但現時被高樹所阻隔，像案山一樣，橫截生氣。

對着山門入口，黃龍觀牌樓的右手邊，有多棟淺藍帶淺綠色的平房屋，建立在高出的平丘中，在牌樓處觀看，並沒有什麼特別，但若細心觀察，所有的平房屋，都正正背靠著一個非常奇特的高聳山峰。

此峰非常特別，峰頂頓尖，而頂上全是一塊大石，峰頂兩旁漸潤地伸出，山下有一橫長山脈直出，與牌樓向度相若，遠看就像一個穿著鐵甲頭盔的將軍，按着像一把如利劍般的橫長山脈，鎮守着此地，可稱為「將軍按劍」形，此尖石山山峰頂，正是黃龍觀的青龍砂的石曜。

飯後，當我們三人在牌樓門口附近勘察房子的風水地形時，筆者繼大師向亞何及亞莫二人講解一番，並謂此「將軍按劍」山形，非常威猛，有守護地方以及國家的能力，並且鎮守着黃龍觀，像是羅浮山的山神。

由於峰頂全是一大塊尖石，一般人的房屋，不能以此火形尖峰為正靠，因山峰高聳，火煞太猛之故，易出凶惡的人，前方是平地，送水之地，故有權力而沒有財富。

亞何及亞莫二人對着房子及背靠的山峰，拍了很多相片，突然之間，房子側旁走出了一位穿深綠色便服的年青人，個子不高，低着頭，沿着馬路，急步向我們的方向而來，我們不以為意。

當走到亞何側旁時，他面色一沉，突然用右手抓着他腰部的褲頭皮帶不放，左手搶去他的相機，又命亞莫把相機內的菲林抽出使底片走光（當時亞莫仍未換上電子相機），在此同時，房子走出為數約廿多名穿著軍服的解放軍隊，走到我們那邊去，如臨大敵一般，把我們各人的回鄉證及護照取去。

這時我們十分驚恐，擔心回不了香港，不知所措，真是「秀才遇着兵。有理說不清。」其中一位帶隊的少尉軍官，盤問我們，為什麼拍照，並說這裏不准攝影，是軍事地區，問我們是否看到警告牌，並拿著亞何的電子相機，逐幅相檢視，並吩咐亞何，把相關的照片刪除。

當他看到我們在沖虛觀旅遊景點的照片時，心情始緩和下來，我們解釋一番，並向他們道歉，幾經辛苦，他終於相信我們不是間諜，是來旅遊的，最後發還我們的回鄉證及護照，我舉手向那少尉致謝，當我放下右手時，他們突然立正向我們敬禮，然後步操回平房屋子去。

在場接載我們的包車的士司機也嚇了一跳，他覺得非常驚奇，據司機說，他年青時當過解放軍，曾經參加過攻打越南的一場戰役，又說，此軍營最初是林彪選址的，剛剛上兩週前，江主席曾到訪，因為與台灣關係氣氛緊張，故來鼓勵士氣，每逢進駐此軍營的最高軍官，都是從北方調來的，曾經先後三人，離任時都是晉升為少將級，並調防到他處去。

他又說，此軍營的軍人很凶惡，有一次，此處的軍人曾經駕駛軍車，不小心把路人撞到，竟把路人揍了一頓，後施施然離去，當地人都知道此事，而很多這營裏的軍人，都時常去黃龍觀參觀，並旅遊拍照留念。

無論如何，勘察此處的風水而發生此類事件，是筆者繼大師第一次所遭遇到的，真是不幸中之大幸，是福不是禍，是禍躲不過，甚幸！甚幸！奉勸喜歡風水的朋友們，若見尖火形石質重的山峰之地，頗要小心一點，附近若有人居住，多出凶惡的人。

《本篇完》

羅浮山下不同角度之鐵甲山峯

遠望正面羅浮山下之鐵甲山峯

這鐵甲山峯爲黃龍古觀之青龍砂

（十五）觸動天機的風水異像（出書版）

繼大師

南宋末時代，有風水祖師賴布衣先生（賴文俊字鳳崗又名賴太素），其父賴澄山先生，也是風水明師，有一天賴澄山點得一地，名：

「**班鳩落平田**」。

此地在大山之中出脈，去脈落到平田上，起出一突顯的山丘，是鳥的頭部，左右有砂脈守護，同一祖山而下，是鳥的左右翅膀，前方有高出的橫田作倒地木形的案山，穴結平托略後之位，後靠略突之丘，穴在鳥頭之下，鳥嘴尖出向外，穴上不見，是為穴之「官星」。

賴父點得此穴之後，便告訴賴布衣說：「由於此穴地大而具餘煞，我造葬你祖父三年後即逝世，你用功讀書，可博取功名於世。」

於是賴父擇日落葬，他僱用數名仵工，落葬那天風和日麗，賴布衣亦跟隨一起，時辰一到，就隨即落葬，其中一位仵工忽然尿急，他就走到穴的一旁，就地解決，一解決後，突然間發生天變，地動山搖，風雷雨電一齊來，整個穴場震盪，一陣子才平復過來。

賴父搖頭嘆息地説：「天數！天數！」即對賴布衣説：「此班鳩落平田穴，本出太師，貴為極品，現在因仵工撒尿，把班鳩驚醒，地靈飛走了一半，太師少了一點，現在只能出大師，我奉勸你（指賴布衣）將來多多研讀風水書籍，便可成就風水大師」。

當時賴布衣約只有十三歲，他喜歡讀書，不以為意，後來真的如賴父所言，成為中國風水歷史上的名家。出色的風水師可稱為「地仙」，亦屬於仙家之一，出神仙之地，正是鳥形的穴地，應了賴布衣祖父所葬的「班鳩落平田穴」。

在元代有幕講師風水明師著《奇驗經》，內有《出神仙之斷》，筆者繼大師錄之如下：

「劍印砂。兼香爐。乾坤艮巽筆峯嵯。龜鶴琴劍坤申位。天門橋鶴聖仙多。」

此段繼大師解釋如下：穴前有橫長山脈如劍，有印山出現（山勢環繞，中央有一圭峯，為印山。）穴前又有山如「香爐」，西北乾方、西南坤方、東北艮方、東南巽方其中一方，出現有嵯峨之文筆峰，在西南方「坤、申」位，有山如龜、鶴、琴、劍等，則出聖賢仙佛等修真之士。

這「鶴形」就是飛禽形，「班鳩」亦是鳥形，同屬一類也。

這地脈靈氣的震動和吉穴的靈異事件。筆者繼大師曾見過數次，若非親見，真的不敢相信。

有一年，筆者繼大師到馬來西亞馬六甲日落洞公墳勘察風水穴地，當時天氣晴朗炎熱，烈日當空，打著傘去看其穴位及來龍，結果找到一穴是孖墳，葬在穴星之下，緊貼矮小的山丘，舊墳是五十年代所遷造的，隨即跟著其來龍脈氣往上走。

在正常一般的情況下，尋找龍穴，多數是先找到真龍脈後，然後順着脈氣往前方尋找，找到一處脈氣有變化的地方，後有父母星作靠，四正天心十度齊，就是結穴地點。但現在情況不同，由於先找到穴位，所以就逆着龍脈而上，追蹤其來龍脈氣。

首先整個地勢較平緩，微斜的山坡地，後方有一木形潤腳的主峰，腳向左右伸延，為整個公墳墓地的祖山，祖山由白虎方落脈，然後彎向中間，來脈落到平坡地勢，脈的去向，一般是很難追尋的，由於逆着龍脈而查察其變化，所以筆者繼大師沿著其穴星背後龍脈逆行而上數十米，並四週觀察。

當走過來龍的平坡龍脊上，發覺四週矮橫的山脈，呈現一個大圓形地形，來龍長而彎曲，在這大圓形的中央作「S」形的擺動。原來，整個地區，約有三至四個足球場的面積這麼大，就是一個大太極，穴結太極的其中一點上，當明白此龍的來龍去脈之時，突然風雲色變，暑氣消掉，太陽不見了。

突然之間，筆者繼大師看見以穴為中心點，頂上空中央呈現一個很大的圓形白色雲霧，雲霧低而現大白色，與太極穴地區的四份三那麼大，圓圈外週，有污雲環繞，簡直是一個白色的無極大光圈，相應了無極生太極的風水地理，大地有涼風吹動，温度驟降，陣陣清風，清涼無比，心中極為舒暢。輕薄的白色雲霧繚繞，浮現面前，被風吹散，像騰雲駕霧的神仙境界，簡直就像拍戲一樣，真教人不敢相信。

筆者繼大師再沿著來龍脈氣處，再往上尋，到了近主峰山頂處，約五、六十米高，有一小平地，然後往四周堪察，發覺此太極穴非同小可，穴前山巒疊嶂，山脈雖然不高，但「高一寸是山。低一寸是水。」

穴前有看不盡的山脈，其中有一支近穴不遠處，是橫長倒臥之脈，正是倒地文筆，在羅盤廿四山中的「癸、丑、艮」方，所有穴前的山巒疊嶂均是逆水砂，穴逆水之砂脈非常深遠，發福悠久。

木形濶腳主峰的後方，是一大片平地，正是馬來西亞南龍幾乎盡結的地，這天機一露，立刻風雲色變。

又有一年，筆者繼大師在 Google map （谷歌） 地形圖找到在馬來西亞的怡保（Ipoh）與太平（Taiping）之間，有一穴大地，為了求証真偽，特地專誠去探過究竟，車子駛至一處，充當司機的朋友，突然間酸麻，全身皮膚毛孔震動，車子一拐過彎後，過了一小橋，就發現該正結的穴位。

此地全收逆水大局，比起香港元朗的「金鐘覆火穴」還要高級，因為行錯一個路口，費了很多時間，加上路旁不能停車等候，所以匆忙而看，未能窺看此穴的全貌，不知是否有下關砂守護，只知是元寶砂結穴，非常富有之穴。

當準備離去之時，一上車後，天氣立刻翻天覆地，風雲色變，傾盆大雨，烏雲滿天，不停行雷閃電，雷聲很大很響，響得很近，就在面前，雷聲震耳欲聾，雨點非常大，狂風暴雨，整個天空都污黑，像是傍晚一樣，大雨跟隨着我們而行，平時車速可以行一百公里的公路，因為傾盆大雨，天頗黑，視野模湖不清，車子只可以行約時速卅公里左右，大雨隨我們向南行了足足有兩個小時以上，大雨由霹靂州（Pera）直至到了雪蘭莪州（Selangor）那個省份，雨勢才漸漸細下來，非常傳奇。

《千金賦》云：「**嘗思地理之妙。乃天地所留以待有德。亦前師所秘而不宣。**」

《雪心賦》〈卷一〉云：「**吉地乃神之所司。善人乃天之克相。將相公侯胥此焉出。榮華富貴。何莫不由。**」

故此秘密天機，不可隨便洩漏，故明末清初之蔣大鴻地師在其拜師表文中對弟子說：「**得傳之後**（指風水祕法）。**不敢妄希真主霸王禁穴大地。亦不敢爲他人指示。**」

真正的風水大地，是可遇不可求的，縱使你懂得尋龍點穴，天氣易突變，雲霧會把吉穴遮掩，明師不能得見，一切都講求福份，不可強求。故楊筠松祖師在《天玉經》云：

「**相逢大地有幾人。個個是知心。若還求地不種德。隱口深藏舌。**」

福主若不種德，不可隨便給人點穴，不過時代變遷，現今世界裡，很多地方不容許隨便點穴造葬，火化居多，是另類的一種形式，時代巨輪，不知造葬風水的未來趨勢如何，相信自有它的命運。

太極穴圖

《本篇完》

（十六）誰是藏龍真人

繼大師

在中國道家來說，「真人」的稱號，是道家修行成道者的尊稱，在《北斗消災延壽真經》的開經偈云：「真人無上德。世世為仙家。」如七真之王重陽真人、丘長春真人（震旦活佛）……真人等同大羅金仙、上人、活佛，有無上之功德。

有一位馬來西亞出名的職業風水師，於千禧年來香港秘密學習風水，但老伯師父收了他很多錢，又給它坐冷板櫈，在酒店中無所事事，掃興而歸。後來打探消息，得知老伯地師跟隨一位比他年輕的地師學風水（簡稱新師父），於是托人聯絡他，幾經辛苦，始於二〇〇二年來香港隨新師父學習正五行擇日及三元風水。

自始每年來港學習一次，五年後，在丁亥年中，始被收為弟子，正式燒黃紙拜師入門，新師父即是他的舊師公，他變相升了級，最後新師父給這位馬來西亞地師（簡稱馬地師）修造他養父在馬六甲的太極穴祖墳。

新師父使用雙山雙向法，使馬地師大兒子的妻子於二〇〇八及二〇〇九年先後生了兩位男丁，馬地師連續兩年抱兩男孫，大婆二婆一齊共聚，馬地師女兒讀書名列前茅，不久成為全馬頂尖的十大傑出青年學生，吉慶連連，真是意想不到。

自此馬地師非常相信新師父，但馬地師為人非常好名，當他從新師父處學得少部份風水真訣之後，對於馬來西亞其他風水師傅，他認為大部份是呃呃騙騙的假風水師，及為求賺錢不擇手段，並在他自資著作的風水雜誌上，以個人由新師父身上所學到的風水知識，尖刻地批評他們，罵盡天下所有地師。

他認為自己是馬來西亞風水師傅中的包公，不可一世，目中無人，得罪了不少人，他前後來港隨新師父學習風水不足十次，且自認風水工夫了得，不再來港深造了。

馬地師知道新師父在香港有些聲名，新師父做事低調，亦不想被人知道他是誰，馬地師辦名家風水雜誌，不久聲名遠播，讀者們亦想知道他的師父是誰，於是馬地師提議稱新師父為「藏龍真人」。

「藏龍」者，隱藏着得風水秘訣真傳的人，不想出名的地師，真人不露相也。天下間，只有師父給徒弟賜法號而改名，從來沒有聽過徒弟給師父改名的，新師父亦從不計較，就隨順了他。

由於馬地師在馬來西亞在自辦風水雜誌內撰寫文章，並教授風水，很多人慕名而來，他自認非常有正氣，自言：「堂堂正正，一生都是為大我而學風水。」可能在馬來西亞地方，四個老婆都不算什麼，因為是回教國家，亦可算是「堂堂正正」吧！

教三元卦理風水十日收九千三百元馬幣，算不算是多？可不算是販賣風水吧！風水師難過財色名之關，世俗歸世俗，風水歸風水，且聽他自圓其説吧！

一天因為一些少事情，他竟然對新師父「藏龍真人」説：

「身為我的師父十多年，竟然不知我的剛直個性，真是枉我視你為知音者。今天你……」

其實新師父只想他公告天下，誰是馬地師的風水師父！及「藏龍真人」是誰！以示現 呂克明先師三元風水的傳承法脈，以正視聽，做人不能忘本啊！這是應該要做的事，合常理的要求。新師父的説話並沒有責罵的意思，誰不知觸動了馬地師好名之心，竟説新師父的不是，發爛地無理指責。

原來師父對待徒弟太慈悲及愛護，反而令徒弟容易失去恭敬師父之心，進而一步，就是欺負師父，看死師父不敢反抗還擊，這種徒弟不收也罷！

對於此事，新師父亦不理會，只自歎沒有徒弟命，盡心盡力去教授徒弟風水真口訣，義務給他養父重修在馬六甲日落洞公墓的太極穴祖墳風水，更替代了他不少業力。

因為新師父傳授秘訣給馬地師，引來呂氏同門師兄的責備，謂「所傳非人」，並説馬地師在馬來西亞給人家錯造陰宅風水，導致主家之二房死亡，並要新師父負責。

同門師兄更提議自撰文章，公開他的師弟（新師父）在師兄的私人臉書「Face book 內，説藏龍真人要踢馬地師出師門，斷絕師徒關係，以免污染呂氏門派的聲名，且公諸於眾，以正視聽！只要新師弟同意，師兄馬上執行。

新師父為了顧及馬徒弟在馬來西亞以風水職業為謀生工具的原故，於是一概拒絕，並受到師兄的指責及謾罵，他為了馬徒弟所做的一切，卻換來徒弟的冷嘲熱諷。雖然有燒黃紙稟告蒼天，拜師當天發誓尊師重道，但燒黃紙如同燒廢紙；為求名聲，更想自立風水教派門戶，傳承師父也不認了，哀哉！哀哉！當師兄迫新師弟要踢馬徒弟出師門時，新師弟有一定的壓力，正當左右為難之時，師兄當晚即夢見自己師父呂師對他說：

「師弟與他徒弟的事，自有其因果，外人不得插手干預。」 就此驚醒了。

師兄自撰的藏龍真人公開信如下：

本人 呂氏（藏龍真人）**事於 2002 年教授莫 XX 先生擇日及陰陽二宅風水。更於 2007 年執行師徒之禮。但拜師後往來不多，更於 2011 年至 2017 年，未曾上課學習風水。由於莫先生習藝未精，未得風水真傳。**

近年得知，莫先生四處招惹種種是非尤怨！不經本人同意，假借（呂氏）**藏龍真人之名，胡亂收徒及替人家扦地無數，更有做壞風水的苦主向本人投訴，對此，本人深感歉意！**

為免日後或有更多風水問題發生。影響本人（藏龍真人）**及師門名聲。且要向 呂氏同門交代清楚。**

本人（呂氏 – 藏龍真人）在此聲名，

莫 XX 先生由今天 13-3-2017 年起與呂氏 – 藏龍真人斷絕師徒關係。

日後莫先生，所做一切的風水事務，金錢交往，均與本人呂氏 – 藏龍真人無關。

此致

師徒間之糾紛，筆者繼大師相信師徒彼此之間有著因緣果報存在，發生這種事情，都是正常的；若凡事以良知行事，彼此為對方想，大家都能圓滿解決事情。

人生苦短，無謂弄得不愉快，在這世上，沒有一樣東西屬於你的！這 呂氏傳人「藏龍真人」確實是一個虛幻的名字，繼大師在此將它一腳踢走，互不相干，那「繼大師」亦是一個假名，將來筆者亦會將繼大師一腳踢走！

《本篇完》

（十七）封開廣信塔的風水效應 ── 附〈封開歷史沿革〉

繼大師

廣東肇慶封開市，在廣東省正西面近廣西的邊界，距離廣西悟州不到一小時車程，它並非一個大城市，但文化深厚，筆者繼大師初隨恩師 呂克明先生學習風水經典書籍的《寶照經》時，常聞「兩水雙交不用砂。」當時並不理解其意，日後始明白，當親見封開市在風水形勢上的時候，真是正如楊筠松祖師著《都天寶照經》所説：

「兩水雙交不用砂。只要石如麻。」

它是一個「兩水雙交」的典型市鎮的結作。

封開市由很多支流匯入兩大主流而產生兩水雙交，一支流是賀江，由北面廣西省向南流入廣東省，在廣東省地區內，有很多支流匯入賀江，其中有：大玉河、料河、觀河、漁澇河（杏花河及七星河匯入），在廣東省地區的賀江內，共約有廿條小支流，從四方八面，全部匯入賀江，且迂迴曲折，屈曲流動，非常有情。

另一支主流是東安江，與賀江差不多大小，賀江在廣東省地區內，其水流九曲十三彎，非常有情，兩水相交于近大洲側之龍王島，經過五六個彎後，匯入西江，兩大水流相交處，就是封開縣，又名江口鎮，顧名思義，真的是江口中的市鎮，雖然地區不大，包括周邊村落，人口約有42萬，但結作獨特，水走午位，城內都是南北向，故地運長久，地勢是東西高，西北低，中間如槽形，可惜的是，所結地方不大。

除了有兩水交匯之外，主要有幾座大山在其西南方作下關砂，把水氣攔截，分別是大平山（527米高）、吟盆頂（522米高）、大埇頂（499米高）、通天臘燭（251米高），所有山脈相連，把封開縣前方的西江水氣攔截，使生氣凝聚，封開縣的來龍祖山為吊梘山（235米高）由西面而來，山脈與廣西群山相連，來龍甚長。

在封開縣下關砂的西江對岸，有群山環繞，其中有：麒麟山（927米高，側有大班石，被譽爲天下第一石）、白馬山（944米高）、三叉頂（938米高）、尖峰頂（825米高）、豐壽山（728米高）、巢頂（1049米高……）但所有東面群山離開封開縣比較遠，而西面的下關山群比較近，正是山水相匯之地，可惜地方比較細小，不能作首府之地。

封開縣因為兩水相交而結，故此前地形呈現三角形，尖角向前面南方，朝西江去水口，但青龍方有兩個小山丘作下關砂，略帶兜抱，此處名「三村」，而「廣信塔」正正建在其中的一個山丘頂平地上，正朝回封開縣。

塔四方，高七層，內有十五層，塔高55.8米，取此名字，原于公元前一一一年，漢武帝统一嶺南之後，初開南粵地方，取「廣布恩信」之意，故名「**廣信塔**」。

塔為「子、午、卯、酉」四正綫度，北向封開縣，南向西江去水口方，西背西江，東面為正門入口大道，前有闊大的廣場作明堂，一級級而上塔方，遠有朝山，為坐空朝滿，格局莊嚴，位於丘頂高處，以鎮西江，為「人做文筆塔」，又作下關砂，以鎖水口，使生氣凝聚，不易流失。

這「廣信塔」是肇慶市的領導倡建，不知是否請得高人指點，無論在擇地及立向方面，都是明師手筆，筆者繼大師有緣于 2013 年癸卯年間到此地考察，得知是國內一位易學大師為廣信塔立向及佈局，果然明師所造，威鎮西江。

據說建塔後不久，數位倡建的當地領導人，連升數級，官位亨通，扶搖直上，有些甚至成為京官，雖然少少的建造，但若選擇正確，真的可以改變很大，這就是修造大陽宅風水的最高境界之一，故風水之道，真的不可思議，相信是時也運也，有運則水到渠成，自然成辦一切。

《本篇完》

〈封開歷史沿革〉

繼大師錄

封開古稱廣信，地處廣東省中部偏西，處在回歸線上，縣內森林密佈，被譽為「北回歸線上的綠洲」。公元前一一二年，漢武帝頒旨「初開粵地宜廣布恩信」，遂在今封開縣設置廣信縣。斗轉星移，在2000多年漫長的歷史時空裡。

封開有着燦爛的歷史文化，它曾是統一的中央政權下嶺南地區最高的地方行政中心「嶺南首府」、「海陸絲路」對接點、中華粵語發源地、廣東廣西得名地；這裡還誕生了「嶺南儒宗」陳欽、陳元父子、中華傳佛第一人「牟子」、南漢的開國皇帝劉隱、中國最年輕的狀元「嶺南第一狀元」莫宣卿等歷史名人。

《全篇完》

封開市近景

封開市

封開市遠景

廣信塔

（十八）父墳風水的異數——不增不減的福份

繼大師

有一風水明師森先生，與自幼一起長大比自己年長七年的老友鄰居藍先生造葬他父親骨骸於元朗某村屋之後山平地上，面前有半圓形魚塘拱抱，雖非結地，只用卦氣收魚塘生氣，待六年後起骨遷葬。墓穴後方略高於墳頂，穴前有人工圓托平地作內明堂，然後是魚塘，並不構成割腳水。

左右不遠處有屏幛之山相夾，為夾耳山，後方遠靠之山不高，前方不遠處漸低，有橫長木形之山闌。整體來說，四應山齊，可為平安之地，但不能久放，屍骸化骨後即收拾骨殖安葬於惠州楊村家鄉。

造葬時剛好在乙亥年，而藍先生於一九二九年己巳年生，森地師說今年天尅地沖，不宜造葬，若要造葬，只好用日課補救，但要見血光之災。

藍生急於發財，並說要搏一搏，當造葬完畢後不到兩週，藍生自駕輕型貨車，發生交通意外，撞向前面車輛，肚子中間被車內硬物直線剮開約三至四厘米，幸好腹部未貫穿，經醫治約三至五個月後始慢慢復原，自此之後肚子帶有直線疤痕。

自從藍生之父墳葬後，兒子當時約十三四歲，身材矮少，竟然考上香港賽馬會騎師訓練學校當學員，前途無可限量。從這件事件中看來，先以災禍換取後來的福份，証明禍福是相依及平等的，個人的福份沒有增加，亦沒有減少，如心經所講的「不增不減」。

但藍生始終認為不能發大財，賭馬不能中大獎，對森地師有些抱怨；森地師對藍生說，你父墳並非穴地，只是收堂局之生氣，立向收當元旺運，好比電視機天線，收台看電視時，少不免會有些少雪花不清楚，有些雜聲而矣，六年後，必須起骨另遷他處。

藍生時常想起這番說話，感覺氣憤，約三年後，兒子因發育年齡，竟然身型高大起來，超出騎師的體重標準，再不能成為見習騎師了，只能做照顧馬匹的工作。

自始之後，藍生對森地師所造的父墳有些懷疑，因他時常幫其他地師做重修墳墓的兼職工作，於是找了一位在元朗很出名的黎姓地師，把父墳重新立向安碑。

當重修完畢後，他整日都覺得疲倦，沒精打采，時常打瞌睡，當時他年齡約六十三歲，年紀不算大，他自覺有些不妥，於是私下找森地師的入室弟子韋先生堪察父墳。藍生對韋徒弟假說父墳是森師傅造葬立向，自己想修飾墳碑，不意之間石碑跌了下來，又不想驚動森師傅，所以找韋生。

於是韋徒弟幫他重新立向，安回舊碑，藍生發覺墳碑剛好立回森師傅所立之向度，師徒真是一脈相承，韋徒弟又代他擇日，以早上辰時（八時正）舉行完山儀式。在藍生來說，韋徒弟是後輩，所以對他很隨便，藍生與人運送英泥沙修墳時，主人家給他港幣廿元利是，他轉給韋徒弟，真的很不尊重人，韋徒弟將利是錢以藍生的名義作慈善用途。

事情到此，本來事件是很圓滿的，但一日後，藍生突然打電話給韋徒弟，一開口便很生氣地用粗言穢語罵他……「XX老母，我計算過來，此日子沒有衝剋我呀！但為何完山後不到廿四小時，我被警察抄牌近十張，罰款達千多元，一生人從未試過，警察對我好像仇人一樣，追着來抄牌。」

韋徒弟聽了心中極為好笑，只好用破財擋災之類的說話去安慰他；其實他心中想：「給我廿元利是，是侮辱三元風水，人在做，天在看，上天也看不過眼，並出手懲罰他，只是小懲大戒，破財千多元，當作庚金利是吧！」

安碑事件過後，籃先生再沒有疲倦姿態出現，精神一切回復正常。六年很快過去，於是請森地師去惠州楊村為他父親另覓地方安葬，森地師因工作繁忙，抽不出數日時間出來，籃先生竟然似熟賣熟地在他徒弟面前以長輩的身份用粗言穢語罵他。森地師沒發一言，只好抽時間來幫他點穴，不久在楊村點了一地，穴名「美女梳妝」，用當元旺向及水口，所用卦線均非常好。

但人心常不足，不久，籃先生又像以前一樣，對森地師信任不專，自恃自己比他年長九歲，亦是鄰居，自幼看着他大，並不怎樣尊重森地師。於是偷偷命人改水口位置，幸好沒有出卦，只是卦爻變動而矣，但福份也不如前。

數年後森地師病逝，二十年後籃先生亦病逝，享年八十六歲，總算屬長壽之人，人生如夢，透過祖先風水吉穴，在世不斷追求福份的人，大有人在，但始終一日會百年歸老，人生就是這樣，福份是命運所生成，一點也不能強求，不如隨遇而安，順其自然吧！

《本篇完》

（十九）恩將仇報

繼大師

姓屈的風水師為幫一位何故先生找寫字樓作辦公室，剛逢一位地產經紀利先生作代理，地產經紀生意淡薄，常以麵包及飯盒渡日，在選擇辦公室地點時，趁機詢問屈地師對舊寫字樓的過去吉凶狀況，然而他說得準確無誤，繼而對他產生信心，並即時邀請他順便勘察他的寫字樓。

屈師說該年流年紫白二黑五黃到他座位，暫時不要做任何修改之事，過了六月再來指點，並沒有收他的庚金，剛好之前利生已找了另一位風水師傅堪察，並吩咐他買大量傢俬，幸好傢俬還未送貨，利生隨即退貨，節省了萬多元。

這幾個月內，利生家裏發生了事情，原本已經離了婚及與兒子同住的他，因已在深圳認識了一位女友多年，將在年底結婚，但舊老婆找回他，更想復合，使他左右為難，猶豫不決，幾經辛苦終於作出再婚的選擇。

同時間，利生職員殷小姐，在這幾個月內，亦有麻煩事發生，前夫是黑社會份子，生了一女兒，離婚後她與已有兩三歲大的女兒同住，突然間前夫走上寫字樓，持着刀子，大吵大鬧，說要拿回女兒，且要斬她，終於報警，鬧了半天，事情有待解決。

半年後，屈地師終於出手，把利生之地產寫字樓，佈置得非常完美，主位有靠，不衝門口，神位氣聚。執好位後，生意大增，不到半年，由虧損變盈餘，還了債務。

原本另有一股東，他把賺來的錢，用十多萬賣回所有股權，繼而擴充營業，再租賃隔離閣樓大一倍的商舖。亦由屈地師勘察風水，為八運貪狼大局，做後竟接了一單很大的生意，賺了十多萬元佣金，他非常高興。

不久利生結婚，非常尊重屈地師，雖然父母健在，仍然請他做男家的證婚人，在證書上簽名，可謂視之如父，再請屈地師看他香港及深圳的陽居，一年後利生生了一女孩，亦找屈師改名，又跟隨他學風水。

為了發展商業生意，更買了新車，他再找租賃新地方作地產代理寫字樓，幸運的他，由屈地師找了一處非常好之風水地給他。不久，有一村屋陽居結地放盤，他把幾年間所賺的錢作首期，將此風水吉宅買下來，生意業務，更蒸蒸日上。

未幾，他為了擴展業務，想自置寫字樓物業，適逢有物業投資者放盤兩隔離單位，由於他沒有那麼多錢作首期，於是他問深圳的相熟朋友借貸，幾點辛苦，終於完成交易，他又請屈地師勘察他外婆的陰宅祖墳，並立向安碑。不久在他所住的風水屋隔鄰再買一屋投資作收租。短短四五年間，賣了四間單位，身家過千萬。

之前，利生另一職員玲玲，見利生的生意做得風生水起，於是請屈地師看她家裏風水，看後她接單多了，賺了不少錢，有一次，她接單後與男客人看工廈樓盤時，差一點地被男客人非禮，幸好避過一劫，但在同一日裏，事有湊巧，屈地師的女兒被人當街非禮，是否替代，擋了他人的劫，這就不得而知了。

由於利生隨屈地師學風水，約四五年間，屈師帶他行山勘察廟宇，看見好風水的放骨灰龕位，於是利生又請屈師為他夫婦兩人、父母及祖先骨灰等，選擇骨灰龕位及他倆人的生基位作百年歸老之用，另外又給利生祖母及父親土葬立向安碑，待起骨後放入骨灰龕位內。

總之，利生求得就求，屈師好像成了他的私人御用風水師一樣。當屈師為他們夫婦兩人、父母、祖先等人選擇合適的生基位共六個，並謂多買兩個位預作屈地師夫婦兩人作生基及長生祿位之用，但被屈地師拒絕。

當利生在交錢辦理手續時，突然間他自覺在頭頂上的虛空中，降下一陣陣靈氣，由頂而下，全身充滿靈力，非常舒服暢快，並認為是大吉之事，心中非常喜悅。

誰知屈地師噩運來臨，夫婦不和，一次因為一些小事，太太幾乎跳樓輕生，女兒面上生了很多暗瘡超過兩年之久，兒子考試不及格而留級，總之諸事不順。

更嚴重的是，當選擇完骨灰龕位生基位後不久，一天，突然一陣煞氣，從天而降，由頭頂直落，全身充滿煞氣，身子突然之間不能動，腰骨劇痛，不能行走，好像中風一樣。

醫生說有骨刺在腰骨壓着神經線，身體漸漸僵硬，臥在床上，醫生給藥丸一大包，屈地師自知是替代人家的業力，而西醫藥丸有副作用，所以一粒也沒吃，於是去看跌打醫生，約半年後，慢慢可以自行，自己運動，勤練氣功，自我治療，自此元氣大傷，約一年半載，久久疾病復發一次，悲不可言，十四年後，已九成痊癒，但亦久而復發，未能完全康復。

原來屈地師並非職業風水師，但他所教的數名弟子都是職業地師，他給人家看風水，只是發菩提心助人，隨人家喜愛而供養利是，並將全數供養金用當事人的名義做善事。但善門難開，求福之人多，大部份貪得無厭，給人方便，結果惹來自己麻煩，慈悲真的要付出嚴重的代價，最好量力而為，不可強出頭。

利生當日以麵包及飯盒渡日，現在身家過三千萬，樓宇單位超過四個，今時不同往日，已經完全忘記了過去吃飯盒麵包的痛苦時代，忘記了恩公的幫助，財大氣粗，有錢用不完，說是自己的才智及努力工作所得之成果，與風水無關，竟然將屈地師加害，其人耳後見鰓，反骨之相也。

他們利用風水追求錢財，一旦發起達來，就說是靠自己才幹能力，與風水無關，且沒有積德修善，廿年大運即將過去，也是他命中注定得遇貴人，但因緣果報，絲毫不爽，種下惡因，果報成熟，後半生恐怕命運悲慘。

此事之後，他胡亂造葬父親山墳，現時利生精神上出現少許問題，情況可能惡化，奉勸世人，知恩圖報，就算不報，也不能加害於人，更何況恩人！飲水思源，福份始會長久。

《本篇完》

(二十)百會穴的靈異 —— 騎龍穴法

繼大師

在山崗龍法的穴法中，最難學的，就是山頂結穴之地，稱之為「騎龍穴」，其結作特殊；若沒有明師心傳口授，是很難明白的，即使隨明師學了風水五年或以上，對於普通的山崗龍也能點着，也不一定能明白。

有得風水真傳的兩位師兄弟，學齡只相隔兩年，師父已仙遊，他們學了巒頭理氣差不多已經十多年，各有所長；師兄當時已收了六位徒弟，而師弟自覺工夫未成熟，亦不想以此為業，只是有興趣鑽研，使精益求精吧了。

一次師弟友人的居家附近有一山崗，崗頂上風景優美，並與師弟一同遊覽，師弟一看之下，發覺山崗頂上是一大片平坡地，後方不遠處有一筆架形高出的山作後靠樂山，（樂－音坳，去聲。）平坡地較後處有一突脈，脈向前行少許，出現一平托，托下平坡作中明堂，明堂頗深而濶大，中堂盡處是大海，海上有島作朝山，朝山與此地之山崗之間的範圍為外堂，三堂具足。

平托與突脈處為地氣聚止之處，左右有略高出之護脈作龍虎砂手，左右脈內側有微茫界水相夾，左右兩邊亦是濶大之平坡，它是整個山崗頂部呈現出略圓形的範圍，白虎右邊平坡盡處是大海，海上出現一島，形像大蝙蝠，在此地之白虎方向穴朝來並拱抱，穴結突脈之下，平托之後，如嬰孩頭頂之頂陽骨未硬化前之情況一樣，正是一卦騎龍百會穴，向度極佳，是子山午向，正正配合此騎龍穴之格局。

在《地理人子須知》內第二三六至二三七頁。《論騎龍穴》古歌一篇，原文曰：

「三十六座騎龍穴。不是神仙難辨別。水分八字兩邊流。且到穴前傾又跌。無龍無虎無明堂。水去迢迢數里長。玄武雖端氣還過。庸師安敢妄評章。真龍踴勢難鎖住。結穴定了氣還去。就身作起案端嚴。四正八方皆會聚。……」

此段正是騎龍百會穴的寫照，一般初學者很難明白，必須得明師真傳。騎龍穴的特徵，筆者繼大師述之如下：

（一）山崗頂上是一大片平坡地，或十米大小不等，來脈方略高，中有一略突之丘，左右有略高出之平坡作護脈，左右護脈內側之略凹處為界水。

（二）中脈略突之丘前行少許而止，前方有平地為托，是為氈唇証穴。

（三）整個山崗頂雖是孤崗，但後面有更高的大山峰或成屏幛之山群作穴之後靠樂山，在中間範圍由高至低而落，穴之來龍大幛出脈後頓跌後而回升，來脈與孤崗相連為之「正受」，若脈從左或右而來，是為「橫受」。

（四）整個孤崗雖獨立豎起，而左右方有更高之山峰作穴之左右為夾耳，孤崗與左右山峰中間是深坑，界水深連，為豎立之「八」字水，此種八字水不同於一般山崗龍結地左右微茫之八字水，一般結穴是平臥之八字水，此豎立之「八」字水，是指水氣從山崗頂邊四週走向山底下之謂也。

正是《論騎龍穴》之所謂：「**水分八字兩邊流。且到穴前傾又跌。**」

（五）孤崗前有一橫闌案山，無論從左或右，或由祖山來到頂穴之左方或右方而橫闌過穴之中間，或從外山出脈而來到穴前橫抱，此謂之「過堂」，有過堂之案山，穴地方為合格。

（五）案山外有更高的山群作穴之羅城，且在前方環抱，有特朝之山峰出現，穴上可見於案山之上，正朝吉穴。

在這五種條件全部具足之下，就是真正的山頂騎龍穴。師弟發現此穴地後，未幾即通知師兄，他帶着已經學了五、六年的三位徒弟一同前往考察。當眾人上至山頂平坡地時，師兄的三位徒弟非常懷疑，真是：

四面羣山誰作主
一頭霧水不知踪

師兄的徒弟心想，以前師叔帶我們看的風水大地非常之真，今天看此不像穴地之地，是否師叔老了，像「回堂」一樣，學到回頭，亂了龍，無龍無虎，又在山崗頂上。

不只他們懷疑，而且連師兄本身也猶豫是否真結，因當時並沒有智能化手機，師兄帶了相機，在準備攝影此穴地貌之時，突然間，相機好像壞掉一樣，怎麼按也不能拍照。

突然間，師兄靈機一觸，立刻閉目向山神祈禱，並謂，祈求山神土地方便，給予拍照，若能影得相，照片不對外公開；當祈禱完畢後，煞是奇怪，相機如常運作，由於出現此種形況，師兄細心察看，始認同此地是真結。

十多年後，師弟與他的數位學生，當中有眷屬，並一同前往考察此騎龍百會穴，適逢該日是農曆八月十五，剛好掛上三號風球，風勢強勁，間中有微雨，因風球剛開始掛上，所以不便取消行程。

此地因屬政府郊野公園範圍內，不準造葬，故此穴尚吉；但很久以前，已經有一穴地造葬在此正穴之白虎方，在山頂平坡近邊位處，朝向對出海外一個形像蝙蝠的橫瀾島嶼。墳墓已經風化，有少許剝落，由於葬地近海邊的山丘頂，葬者相信是漁民的祖先。

當眾人到達正結穴位時，坐下的穴處，當時毛毛細雨，有位第子的太太感覺有暖氣從地下升起，進入她的身體，感覺舒服乾爽；山頂上風平浪靜，一點風兒也沒有。

眾人欣賞完畢，當行到山崗底下時，但覺風勢非常強勁，差點站立不穩，令眾人莫名其妙，為何在三號風球情況之下，山頂風平浪靜，山下這樣大風呢！真的百思不得其解！因為這次的行程，令這位學生的太太，對這位師弟師父更加相信，認為他功夫了得，日後更邀請他為自己父母親揀骨灰龕位。

世事無奇不有，眾人若不是親眼目睹，真教人難以置信，山頂穴地，發生靈驗的事，証明這是真結之地，師兄的徒弟們，若不懂得這種穴法，亦很難相信山崗頂上有真龍結穴，他們真的要好好學習一下。

話雖如此說，但穴地有好有壞，吉凶同現，筆者繼大師未曾見過一穴完美之地，這穴雖真結，但屬孤崗之地，當運出長壽之人，富貴皆有，二代出文人雅士，性格剛直而孤獨，失運則短壽，孤寡也，甚至後代發二房而第二代之大房及三房皆絕，好壞齊應，吉凶並無絕對，個人選取不同，此則見仁見智。

畢竟真穴是有靈氣進駐，地氣集中之地，產生靈異事件出現，不足為怪。這種奇特之地，是可遇不可求，作為研究是可以的。在他們勘察完此山崗頂騎龍百會穴之後十多年，政府因發展旅遊景點，加建亭台樓閣，竟把此穴地破壞，真是萬物皆有定數啊！

《本篇完》

（廿二）墳碑改向的神異——轉禍為福

繼大師

常聞陰宅墳碑向度非常重要，呂師造葬洲頭之「倒地葫蘆」一穴，在其撰寫的碑文內，尾段云：

「撼龍讀撼更疑龍。極目層巒認祖宗。筆笏聳天排海外　葫蘆倒地臥山中。玉屏三疊催官貴。倉庫雙停發福隆。百里江山歷歷在。無非一向定雌雄。」

最後一句「一向定雌雄」，可以說是定生死吉凶，由此可見陰宅穴地之墳碑立向是何等重要！

在馬泰青著《三元地理辨惑》（榮光園有限公司出版，繼大師標點校對，第 57 頁。）第六十八問云：

「舊墳舊宅。改向改門。可以轉禍為福否？

答曰：「陽宅能。陰地不能。陽宅以門路通陽氣出入。故門路在衰敗之方不吉。可移就旺運之方。則化凶為吉矣。至若陰地。以水口為門。以元辰水為路者也。

若土塚之上，立碑為向。非門非路。可通出入。僅將其碑改立一向。焉能轉移禍福！」

馬泰青地師認為陽宅能，陰地不能，事實上是合理的，陽宅可以改門路，移門口，使旺氣入屋。筆者繼大師曾見有一村屋，屋契姓名由男女戶主分開註冊，其屋大門正中間，向正一垂直直角的牆壁，俗稱「刀壁煞」，入大門的生氣被切割分開成兩段，形成衰旺一半。

居者住後不久，男戶主破產而去，女戶主因分開登記業權契約，故仍可保留一半物業權利，結果以銀主盤拍賣出售。下一位屋主買下，把門口改到青龍方，門外堂局開揚，結果居住後非常生旺，健康旺財。

至於陰宅祖墳，並非每一墳均不能轉移禍福，也有例外。筆記繼大師曾經見過一事例如下。

在澳門某天主教墳場內，有一閻姓祖墳，在向度來說，為辛山乙向，但適逢兩卦之騎縫線，三元家認定是凶亡線度，為最具輕微的煞線。

葬者後人的孫子輩，有六兄弟姊妹，二女及四子，除第二女乙未命人嫁出之外，其餘四人均未結婚，第二女結婚多年，一生未曾生育，大兒子與小兒子拍拖多年，只是同居，亦未結婚；其餘兄弟及姊妹均沒有男或女朋友，是屬於孤寡線度。

這閻姓祖墳後代之大女兒，剛好她好朋友的丈夫是一位三元派姓黎的地師，黎地師建議她另作一碑，貼在十字架麻石上，刻上祖先名字，重新立向，黎地師給她祖墳移開騎縫線，取乙山辛向正線，重修時，一切順利圓滿。

在祖墳改了線度後，數年間，其最小的兒子因是一位登山教練，所以經常帶隊去尼泊爾攀登世界名山，先後發生兩次意外。第一次，他去尼泊爾爬山，一不小心，距離地面約三四層樓高的地方跌下，當時他自覺有父親之靈力在護佑他，因此渡過一劫，他非常感恩亡父。

第二次的劫運，亦非常傳奇；有一年傳來新聞消息，謂尼泊爾熱門的攀登雪山區域，因天氣驟變，引致雪崩，死了很多攀登雪山人士，其中包括一批由香港出發去尼泊爾的登山客，全部都是乘搭同一班航機的人，剛好閻姓小兒子亦乘坐此班機。

在香港的家人收到此消息後，眾人非常焦急，但無法聯絡他，數日後，家人突然接到閻小兒電話來報平安，眾人歡喜若狂，且感謝天主護佑。

原來，閻小兒去尼泊爾爬山，出發時，乘坐原定航機，但臨行前，忘記攜帶重要物件，需回家取，因而遲到，飛機開走了，只好乘搭下一班；因此逃過此生死大難，這是墳碑改向後的神異事蹟。

雖然煞線已改，但並非全部家族人員都能脫離孤寡之命運。數年後，他們各兄弟姊妹，只有少部份改變；原本頭腦較為笨重的第二兒子，其腦筋變得較為靈活一些，由沒有女朋友，變為在深圳交了一女友拍拖，大兒子及小兒子仍然與女友同居，其餘各兄弟與大女兒仍屬單身。

其實，避開劫運，就是福氣，改動墳碑向度，由煞線變為旺線，必須祖先積有餘德，否則不會遇上明師給予修造。這並非每一墳碑改了向度後就能大大改變其吉凶，線度有很多種，由大煞改為極旺，吉凶就有改變，若為普通失元卦之向度，雖轉為大旺，則效果未必如想像中那麼理想，亦要視乎巒頭而定吉凶。

穴地形勢有穩定後人吉凶禍福之力，所謂：「吉凶依地形大勢而定」，然後依向度再定吉凶，兩者合看，始作準繩。風水之道，非常艱深難明，投入一生精力，亦未必完全能領悟，惟具善根之有緣者得之。

《本篇完》

（廿二）政府總部加建的凶兆

繼大師

二〇二二年六月香港政府計劃在添馬艦政府總部（Central Government Offices）緊貼大樓東面用地，擴建立法會綜合大樓高座，由十層增至十五層，共加建五層，約增加十六萬平方呎樓面。

香港政府總部位於香港島金鐘添馬添美道二號，分東西翼兩座，而東翼前地是政府總部的正門。政府總部是添馬艦發展工程的三組建築之一，其東北為立法會綜合大樓，其西北則為行政長官辦公室，亦是香港行政會議舉行之地。中間的主要建築物是空心的，設計觀念是「門常開」，所謂「設計新穎」。

在風水學理上說來，就是不協調，不對稱，歪歪斜斜，不成人樣，主體建築物中間空置，留下一個非常大的洞口，其設計觀念是，在前方有綠化地帶，闢作添馬公園，讓公眾舉行活動及集會，亦不定期擺放藝術品作展出。

可惜的是，這個綠化地帶公園，地形是三角尖嘴火形，尖嘴直插入主體建築物中間正正凱旋門式的大口中，幸好這大口位置並非建有政府部門大樓，否則一定發生更大的凶兆。大洞口上面頂蓋部份是港府高官辦公室，好像一塊磚頭放在左右兩棟大樓頂部，中間下方空洞，中間並沒有主體建築物，像砌積木一樣，而且三個建築體的方向都不同，觀感上看去，並不穩固，有風吹也倒的感覺。

政府大樓在開幕前又跌死了一名男帽子警員，傳聞因趕工而未能在開幕儀式之日期前完全建造妥當，未能及時黏貼大樓頂部全數玻璃，部份玻璃只好暫時蓋上。

萬萬料不到，一小隊藍帽子警員一到現場，沒說什麼，就由頂部開始至地下，作地氈式搜查，工作人員也來不及解釋，就此鑄成大錯。入伙後，一名高官患上退伍軍人症，加上約一年的黑暴事件，衝擊立法會，這樣的風水設計，造就出這樣的事件，真是大相應。

政府總部之香港立法會側的新加建部份，筆者繼大師從設計圖則的顯示來看，在貼着立法會建築物東面之長方曲尺形建築物側，居然加建一支瘦長三角形的建築物，其尖嘴火形之煞，直插向前方，煞氣非常重，設計師完全利用所有空間增建，連這瘦長三角形的空間也不放過。

這樣尖嘴形煞，正射前方，位置在立法會之白虎方，這曲尺長方形附建之大樓，反背無情，主女權或擁有次等權力的人尖酸刻薄，容易矯枉過正，恐怕是禍不是福，擔心政府日後在決策上，針對民生而造成不良的影響，真的是禍躲不過。

筆者只聽聞過有外判公司，不曾聞有外判政府，今後會可能實現。但願筆者繼大師判斷錯誤，祝福香港政制發展順利而健全，能夠有效地管治香港，則是香港人的福氣。

筆者繼大師真的不明白，為什麼現代建築設計師將一棟好好正常的大廈，設計得標奇立異，畸形古怪，不倫不類，極不正常；大廈好比人的外貌，人的樣子，怎能設計成動物的樣貌，否則人獸合體，就變成妖魔鬼怪之類，建築物的外相，亦是如此。

筆者繼大師相信，表面上是建築設計師在無意之中，做出極壞的風水格局，其原因是本身人心變易，倫理全無，思想歪斜，引致緒多社會問題，凌亂不堪；順理成章，新政府總部自然被設計得極凶的風水格局，這就是物應人心的道理。

全世界之建築設計學，被西方思想影響，全為歐美民主國家所主導，他們只着重外型特徵新奇，着重創新觀感，雖然內裏結構設計新穎，科技尖端，講求數據及實際效用，但他們並不相信萬物由形體所凝聚，集氣而成形，無形的氣場所產生的煞氣，使凶災事故頻生。

西方人大多不信風水，講求實際數據，在建築設計師主導之下，無意之間造就了風水的吉凶。

風水建築物講求對稱、均衡、工整，左右有守護，面前有平地作明堂，使生氣凝聚，故大廈以「工」型設計最為適當，如香港半島酒店。本人曾見多種事例。

筆者繼大師認為對於壞風水的建築設計，是會對居住者造成不良影響的，茲舉五個例子，列之如下：

（一）西班牙銀行，設計歪斜，類似比薩斜塔一樣，好像將倒下的樣子，結果入伙不久，銀行擠提。

（二）位於九龍塘歌和老街之邵逸夫媒體中心（Run Run Shaw Media Center），設計畸形，三尖八角，造就出無數的黑記。對面有一學生宿舍，建築物中間有一個四方形的大洞，結果有學生在那裏跳樓自殺。

（三）理工學院近路邊處建有風琴式玻璃幕牆的建築物，猶如一個燈籠，結果理工學院內有黑暴被警方包圍圍剿數日，多人被捕。2019-11-11有大批身份不明蒙面人士衝擊香港城市大學鄭翼之樓，毀壞大樓玻璃及大門，又擅自闖入校長辦公室大肆破壞。

（四）北京中央廣播電視總台，前稱中央電視台總部大樓，又稱中央電視台光華路辦公區，俗稱「大褲衩」，為「央視新址」，內含光華路辦公區大樓、電視文化中心、服務樓、慶典廣場，由雷姆·庫哈斯帶領大都會建築事務所設計。

兩座玻璃幕牆大樓向高空歪斜伸展，頂部位置直角伸出歪曲交叉對接，交接位置像人的褲浪底一樣，結果建樓後大火燒死人，多名女主播與領導高層有染。

（五）武漢高鐵站，在新冠病毒未發生之前，建成像一個非常巨大的口罩形狀，真是物以應事。若然不建成口罩形，是否就沒有新冠病毒發生呢！其實，若事情在未來一定會發生的話，氣數就不會改變，建成口罩形只是表面上的象徵，我們透過建築物的風水，便可預測未來所發生的事，這就是風水學的功能。

還有很多事例，多不勝數，筆者繼大師祈望國人多多學習中國古人正確吉祥風水的概念，把和諧、對稱、祥和的風水，用於建築設計學上，使社會更和諧安寧，居者事事順利。

《本篇完》

穿大洞的政府總部

風琴式的理工大學部份建築物

Run Run Shaw Creative Media Centre　邵逸夫創意媒體中心

邵逸夫創意媒體中心

教育局九龍塘教育服務中心西座綜合大樓

邵逸夫創意媒體中心學生宿舍

邵逸夫創意媒體中心

香港城市大學鄭翼之樓

佐敦道之凱旋門映月閣

（廿三）藍江祖墳的變易

繼大師

在西貢近湛山寺左邊的釣魚翁山下，其主峰之青龍方拖出一脈，行至山中間，生出一突脈，緊貼脈上，有藍氏祖墳，前有一人工廣闊平托，墳頂上中間約五至六尺高，有一方石塊，壓著墳頂，墳墓左右有人造微微凹位作人工界水，微微產生內砂。

藍氏祖墳用正長方形石碑，碑頂是圓形，碑石約有二至三英吋厚，墳墓子孫堂邊左右反手，屬於潮洲墳式，主大房及三房離鄉，以第二代之二房、五房最好。

此墳之後人正是五十年代香港四大華人探長之一「藍江」的祖墳，真名藍剛原名藍文階，為港島總華探長。1962年壬寅年升總探長，1968年戊申年獲英女皇頒發勳章，1969己酉年退休，1977丁巳年初被廉署邀請返署助查，流亡海外，於1989己巳年在泰國心臟病逝。

墳前有兩個圓形的子孫托，高度相差約吋半，沒有托邊及水口，正前方托邊之矮樹被修剪，前方朝案之山可見，近案橫臥，像一把銜刀，又像一把粗劍，有「銜刀」則出銜差，蔭後代出華人總探長，則有相應也。

緊貼橫臥之銜刀案山，略微右方，有一橫臥之牛形山丘，為眠牛山形，故墳碑有眠牛形字樣，兩重疊之橫案山，高度約到穴之頸部，案山之遠方，有羅城朝山高出而環繞，朝山與案山之間，微微見一丁點海水，是西貢「牛尾海」，微微水氣，不足為煞。

十多年前，筆者繼大師初次勘察，見前朝與案山之間，可見海水的部份很多，約是現時的五倍深度，現在穴前案山山脈上的樹長高了很多，把海水遮蓋着，故見水的空間非常少，山水之氣較清純，愈來愈吉也。

在前方橫臥朝山之近中間位置，最遠處可見有一略圓頂之山峰，從橫朝山頂上微微略突出，正是「探頭砂」。

在唐、卜應天著《雪心賦》〈卷四〉第三頁（竹林書局發行）云：

「探頭側面。代有穿窬。」

孟浩註解云：「山外有山微露頂者謂之探頭。側露者謂之側面。……主世出穿牆窬穴之盜。」

探頭砂，主出小偷盜賊之人。

此地因前山像牛形，故可稱為「眠牛穴」，但並非真結之地，因為沒有父母星丘，沒有左右內砂護穴，穴前僅有平地作「氈唇」，加上朝案之砂，三閉一空，這是唯一可取之處。

真正的穴，前朝一定山水分明，沒有不清析的，不過穴上沒有犯煞，穴有些氣脈，前朝銜刀砂加上探頭砂，再加上向度，就有這樣的效果，後人出藍剛，吉凶齊應。

墳碑立坤山艮向正針，是二運卦，為上元旺地，前收山水之氣，踏入一九五四甲午年後，運入下元，煞水由最前方慢慢入穴，為短壽水。

現時已有所改善，山水分明，不見水氣，轉化為長壽向度，祖墳還有後人祭祀，真是「風水輪流轉」，時也、運也、命也，無論如何，此地值得研究探索。

《本篇完》

葬者：藍公森碩及李氏蘊悟

藍江祖墳

藍氏祖墳青龍方貴砂

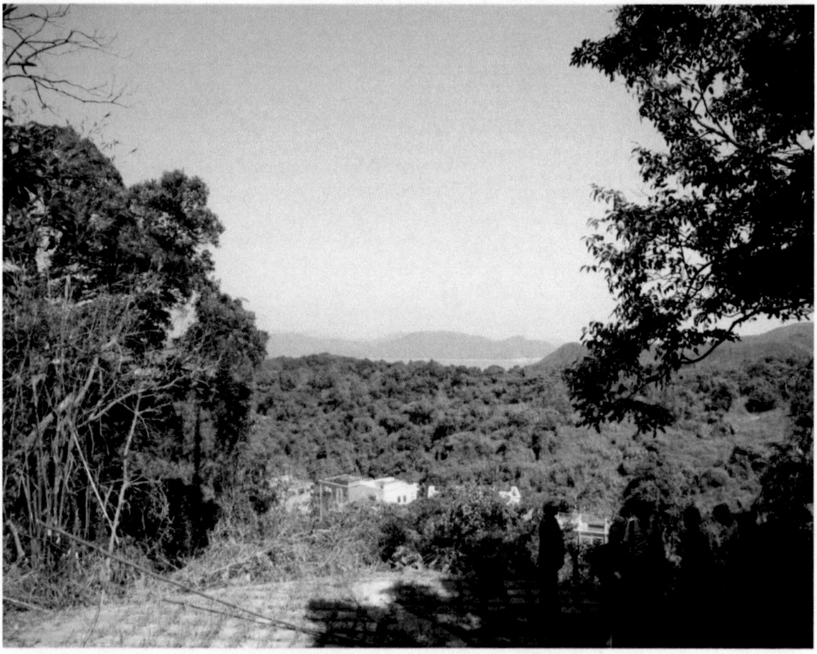

藍氏祖墳前朝西貢海

（廿四）白茫村風水的變易

繼大師

白茫村在大嶼山之東北方，來龍由箔刀屻山往東北方去，盡脈為白茫村，後方有一不高的橫排山嶺作白茫村的靠山，故後方近處靠山不高，再後方為高出靠山之層層山脈，地名為「紅花嶺」。

最南面是梅窩，青龍與白虎之護脈齊備，中間堂局廣濶，全村最中之位置是郭氏村屋，中間為郭氏家祠，村民說他們是郭子儀的後人。

郭子儀（公元 697 至 781 年，終年 84 歲），是華州鄭縣人，祖籍山西太原，唐代政治家、軍事家，一生平定安史之亂等諸多亂事，歷事玄、肅、代、德四帝，封汾陽郡王，世稱郭令公。

相傳郭公後人逃避戰亂南下而遷徙到此處，在白茫村最好的位置建祠堂，福蔭後代，子孫繁衍，然後祠堂兩旁建滿排屋。

筆者繼大師在考察祠堂其間，有一老婦村民怒罵我們，真的不知什麼原因，後來始發覺因政府再次規則土地範圍，收回部份土地，加上前方建高架大橋，認為是破壞他們的風水，引起村民不滿，所以對我們發洩一下。

祠堂及屋前有大平地作內堂，堂局地勢高了出來，青龍方略前處建有用麻石砌成的堅固城樓，用作更樓，歷代村民自組保安人員進駐守護該村的地方，防止海盜攻擊，更樓現已列為民物古蹟。

土地神社旁的兩塊豎立大石塊，亦位於祠堂前方的青龍處，為祠堂的石曜。祠堂之正前方，現已新建了白芒村牌坊門樓，向度與祠堂相若（子向）。

祠堂左前方的石曜為「試劍石」，餘脈再往前方北面走，托下亦建有多間村屋。整條村的大勢是逆局，機場公路將海灣切割成內海，整條白芒村多了一個中明堂，朝山羅城是大欖山脈，故村收逆水。

白芒村及郭氏祠堂，其大向為午山子向，卦運比較長久，亦是大局收逆水。又因為朝山與中堂之間是海，因此這種格局是離鄉砂，主向外發展。

白芒村全村二百多人，常住人口僅約三十人，2014年7月，政府興建港珠澳大橋，動工兩年多以來，大嶼山白芒村先後有十四名村民死亡，包括多名壯年體健村民，最年輕的男子只有三十九歲，有一人離奇失蹤。

村民矛頭直指祖墳風水遭工程的煞氣所破壞，兩村要求盡快在村內興建擋煞牌樓及遷墳補救，現時白芒村牌樓已建成。

筆者繼大師在2015年再次考察此村，因興建港珠澳大橋，把前方中明堂內海風水破壞，村民起來反對，到處用污言穢語張貼橫額抗議，文字內容不堪入目。

但政府不會讓步，因而令村民極為不滿，因此村民很敵視外來的遊客及行山人士，非常不歡迎外來人士參觀。

筆者繼大師在2015年再次考察此村，發覺因為興建港珠澳大橋關係，因此中明堂內海風水將會遭受破壞，村民起來反對，到處用污言穢語張貼橫額抗議，文字內容不堪入目。

大凡村落的形成，都是三閉一空，如白芒村一樣，有後靠山嶺，左右有護脈，把中間有略高出的平地環繞著，而成為村落的內明堂，左右護脈及內明堂之外，是內海，對岸是大欖山脈群，作為村之朝山，堂局緊聚，亦兜收逆水，據説白芒村已有超過三百多年歷史，發蹟久遠，皆因風水地氣及向運長久之助。

但此次興建港珠澳大橋，無意之間而把村之前方中明堂內海風水破壞，以致部份村民死亡，亦是風水之害，半點不由人，一切都是時運也。

各讀者可到這裏研究，這是一條典型風水結作的村落，大至國家首都，亦是如此結構。風水之道，得水為上，藏風次之，深入觀察後，久而久之，自明其理。

《本篇完》

白芒村牌樓

白芒村郭氏宗祠左前方之試劍石（石曜）

白芒村之白虎砂

白芒村前方之港珠澳大橋

（廿五）羅漢寺的青龍捲案局

繼大師

羅漢寺位於東涌坦局南面之石門甲，後靠寶蓮寺鳳凰山（934 米高）往東北行之橫嶺餘脈，發脈之主峰高 402 米，青龍方為鳳凰山主峰，白虎方為大東山主峰（869 米）。

後方落脈山嶺，落脈頓跌多次，脈落至一處，有平托出現，羅漢寺將此平托用作種菜之用，有直長而略微彎之青龍近砂包過前堂，聚止主脈脈氣。

羅漢寺本身位置似是高結之穴位，因建築物多，原貌難以看得清楚，但寺廟建得比穴位為大，後方貼靠來龍脈氣，主殿前方用齋堂建築物之屋頂做人工明堂，把生氣凝聚，齋堂下方有羅漢洞，內有十八羅漢之金身供奉著。近年羅漢寺前綠化，放有真人大小白色石雕的十羅漢像，栩栩如生，供遊人參觀。

此洞內雖不大，但緊貼來脈，是脈氣初聚之處，靈氣充沛，故寺廟命名為「羅漢寺」。脈落至下方種菜之處，可建一間小平房屋，左右有略高出之大石塊作龍虎護砂，為曜石，增加威勢，其位置居中，後靠略高出的來脈，此地較為聚氣，若建小屋在此地，可供僧人在此閉關修練，必定事半功倍。

整個羅漢寺之大局形勢，左右均有大山大嶺作護砂，直到前方環繞著外明堂，青龍外砂高聳為夾耳，是鳳凰山之餘脈，青龍山脈較為緊貼寺廟。

此地最關鍵的地方，就是有較矮的青龍內砂關欄，此砂較直而長，但兜抱過堂，寺廟為：

「青龍捲案」格局。

在較高處主脈上看去，青龍內砂直長不甚包抱主脈，但在較低處主脈上看去，則兜抱有情，若沒有青龍脈捲抱作案，此地則不成穴，是為羅漢寺的精華所在。

寺的白虎方為大東山之餘脈，高聳有情，作夾耳峰，至少有兩層，略較青龍方為遠。主脈來龍雖高，但正後方主星靠山不夠貼，故龍虎高於主星，為奴欺主格局。

羅漢寺之整個大局形勢是順局，因發展東涌而填海，使寺廟前面外堂盡處緊閉而有關攔，不見水口，但可以見到內海之部份較為少，所見山水的部份不平均。向度是謂：

「零正不清」。

寺廟山形大勢雖然是順局，但順水至東涌海邊時，整個東涌又是逆局，因東涌北面為伶仃洋，虎門為中國南方集東江、北江、珠江等眾江之出水口，蛇口為第一層逆水擋砂，東涌為伶仃洋之水口砂，逆收眾江南行至伶仃洋之生氣，寺廟為先順後逆之局。

羅漢寺圍門門口，艮兼寅向，若改立甲兼寅向，則逆收右方貴峰。大殿為子山兼癸向，新殿癸兼子向，卦運亦算長久，綜合所論，不失為一間好風水的廟宇。

繼大師註：若然各讀者想勘察此地，以前是大嶼山之禁區，入內要領取禁區紙。由於東涌開發後，剛好羅漢寺的大路入口不作禁區，一過此路口就是禁區。所以現時無需申請通行證，可直接駕車到達羅漢寺門口。

《本篇完》

羅漢寺入口

羅漢寺青龍砂

羅漢寺白虎砂

羅漢寺之前朝

羅漢寺

羅漢寺東涌堂局

後記

繼大師

大地風水，多涉及鬼神，穴地有靈氣，人們得之，事事順利，鬼神得之，力量大增。故郭璞著《葬書》云：

「氣感而應。鬼福及人。是以銅山西崩。靈鍾東應。木華於春。栗芽於室。」

這表示大地靈穴與葬者之相應，影響後人之吉凶禍福，亦有人神爭地之說。相傳賴布衣與龍母在廣東爭奪一席之穴，結果雙方各佔一半。

大地亦有守護神之說，昔日【明】小欖李默齋地師自卜壽藏，開土時因疲倦而睡着，夢見土地公對他說，這地屬於未出世的黃狀元，命他往鶴山樓沖縮頭龜地尋，相信這關乎福份及因果問題。

點穴造葬在吉地上，小則可以令後代小康，中則富貴，大則可以為國家領導者。更有國家首都山川水流形勢，影響着國家運程，故立國選都，非常重要，地靈之力，非同小可，如同國家守護神一樣。

現代人多不信風水，認為迷信，不牽涉鬼神，崇尚科學，筆者繼大師認為切不可迷信風水，實事求事，一切以巒頭及理氣為重。風水的背後，或許就是演繹因果循環的法則，若自己福份不夠，不可強以求之，得一必定失一，積修善德，福德具足後，冥冥之中，自有安排！

筆者繼大師繼著此**《大地風水神異》**一書，另出版**《大地風水遊踪》**及**《大地風水傳奇》**與各讀者分享，祈望出版所有書籍，一切順利。

繼大師寫於香港明性洞天

壬寅年季秋吉日

榮光園有限公司出版　繼大師著作目錄：

正五行擇日系列

一《正五行擇日精義初階》　二《正五行擇日精義中階》

風水巒頭系列

三《龍法精義初階》　四《龍法精義高階》

正五行擇日系列

五《正五行擇日精義進階》　六《正五行擇日秘法心要》

七《紫白精義全書初階》　八《紫白精義全書高階》附《紫白原本錄要》及八宅詳解

九《正五行擇日精義高階》（附日課精解）　十《擇日風水問答錄》

風水巒頭系列 —— 十一《砂法精義一》　十二《砂法精義二》

擇日風水系列 —— 十三《擇日風水尅應》　十四《風水謬論辨正》

風水古籍註解系列

十五《三元地理辨惑》馬泰青著　繼大師標點校對

十六《三元地理辨惑白話真解》馬泰青著　繼大師意譯及註解

風水巒頭系列

十七《大都會風水祕典》　十八《大陽居風水祕典》

三元卦理系列

十九《元空真祕》原著及註解上下冊（全套共三冊）劉仙舫著　繼大師註解

風水祖師史傳系列 ── 二十《風水祖師蔣大鴻史傳》

三元易盤卦理系列

廿一《地理辨正疏》黃石公傳　赤松子述義　楊筠松著　曾求己著　蔣大鴻註及傳

姜垚註　張心言疏　繼大師註解（全套共上下兩冊）

廿二《地理辨正精華錄》

大地遊踪系列 ── 廿三《大地風水遊踪》

大地遊踪系列 — 廿四《大地風水神異》

未出版：

大地遊踪系列

廿五《大地風水傳奇》 廿六《三元地理命卦精解》 廿七《風水祕義》

廿八《風水靈穴釋義》 廿九《大地墳穴風水》

三十《香港風水穴地》 卅一《廟宇風水傳奇》 卅二《香港廟宇風水》

卅三《港澳廟宇風水》 卅四《中國廟宇風水》

風水古籍註解系列 — 繼大師註解

卅五《青烏經暨風水口義釋義註譯》 卅六《管號詩括暨葬書釋義註解》

卅七《管氏指蒙雜錄釋義註解》 卅八《千金賦說文圖解》

卅九《雪心賦圖文解義》（全四冊）

作者簡介

—— 出生於香港的繼大師，年青時熱愛於宗教、五術及音樂藝術，一九八七至一九九六年間，隨呂克明先生學習三元陰陽二宅風水及正五行擇日等學問，於八九年拜師入其門下。

榮光園有限公司簡介

榮光園有限公司，為香港出版五術書籍的出版社，以發揚中華五術為宗旨，首以風水學為主，次為擇日學，再為占卜學。

風水學以三元易卦風水為主，以楊筠松、蔣大鴻、張心言等風水明師為理氣之宗，以巒頭（形勢）為用。占卜以文王卦為主，擇日以楊筠松祖師的正五行造命擇日法為主。

為闡明中國風水學問，筆者使用中國畫的技法畫出山巒，以表達風水上之龍、穴、砂及水的結構，以國畫形式繪劃，並插圖在書上，加以註解，令內容更加詳盡。亦將會出版中國經典風水古籍，重新註解及演繹其神韻。

日後榮光園若有新的發展構思，定當向各讀者介紹。

出版社：榮光園有限公司 Wing Kwong Yuen Limited
香港新界葵涌大連排道 35 － 41 號，金基工業大廈 12 字樓 D 室
Flat D, 12/F, Gold King Industrial Bldg. , 35-41 Tai Lin Pai Rd, Kwai Chung, N. T., Hong Kong
電話：(852) 6850 1109
電郵：wingkwongyuen@gmail.com
發行：聯合新零售(香港)有限公司 SUP RETAIL (HONG KONG) LIMITED
地址：香港新界荃灣德士古道 220〜248 號荃灣工業中心 16 樓
16/F, Tsuen Wan Industrial Centre, 220-248 Texaco Road, Tsuen Wan, NT, Hong Kong
電話：(852) 2150 2100　　電郵：info@suplogistics.com.hk

印刷：榮光園有限公司 Wing Kwong Yuen Limited
作者：繼大師　　電郵：masterskaitai@gmail.com　　版次：2022 年六月 第 I 次版
網誌：kaitaimasters.blogspot.hk

榮光園有限公司簡介

榮光園有限公司，為香港出版五術書籍的出版社，以發揚中華五術為宗旨，首以風水學為主，次為擇日學，再為占卜學。

風水學以三元易卦風水為主，以楊筠松、蔣大鴻、張心言等風水明師為理氣之宗，以巒頭（形勢）為用。占卜以文王卦為主，擇日以楊筠松祖師的正五行造命擇日法為主。

為闡明中國風水學問，筆者使用中國畫的技法畫出山巒，以表達風水上之龍、穴、砂及水的結構，以國畫形式繪劃，並插圖在書上，加以註解，令內容更加詳盡。亦將會出版中國經典風水古籍，重新註解及演繹其神韻。

日後榮光園若有新的發展構思，定當向各讀者介紹。

作者簡介

出生於香港的繼大師，年青時熱愛於宗教、五術及音樂藝術，一九八七至一九九六年間，隨呂克明先生學習三元陰陽二宅風水及正五行擇日等學問，於八九年拜師入其門下。

《大地風水神異》 繼大師著

出版社：榮光園有限公司 Wing Kwong Yuen Limited
香港新界葵涌大連排道35 - 41號, 金基工業大廈12字樓D室
Flat D, 12/F, Gold King Industrial Bldg. , 35-41 Tai Lin Pai Rd, Kwai Chung, N.T., Hong Kong
電話：(852) 6850 1109
電郵：wingkwongyuen@gmail.com
發行：聯合新零售(香港)有限公司 SUP RETAIL (HONG KONG) LIMITED
地址：香港新界荃灣德士古道220～248號荃灣工業中心16樓
16/F, Tsuen Wan Industrial Centre, 220-248 Texaco Road, Tsuen Wan, NT, Hong Kong
電話：(852) 2150 2100
電郵：info@suplogistics.com.hk
印刷：榮光園有限公司 Wing Kwong Yuen Limited
作者：繼大師
繼大師電郵：masterskaitai@gmail.com
繼大師網誌：kaitaimasters.blogspot.hk

《大地風水神異》繼大師著
定價：HK$250-
版次：2022年10月第一次版

978-988-76145-4-8